Pusteblume

Das Wörterbuch für Grundschulkinder

Pusteblume

Das Wörterbuch für Grundschulkinder

Wolfgang Menzel
Isolde Richter

Das Wörterbuch gibt es wahlweise mit CD-ROM
zum intensiven Nachschlagetraining.
978-3-507-42549-1

westermann GRUPPE

© 2010 Bildungshaus Schulbuchverlage
Westermann Schroedel Diesterweg Schöningh Winklers GmbH, Braunschweig
www.schroedel.de

Das Werk und seine Teile sind urheberrechtlich geschützt. Jede Nutzung in anderen als den gesetzlich zugelassenen Fällen bedarf der vorherigen schriftlichen Einwilligung des Verlages. Hinweis zu § 52a UrhG: Weder das Werk noch seine Teile dürfen ohne Einwilligung gescannt und in ein Netzwerk eingestellt werden. Dies gilt auch für Intranets von Schulen und sonstigen Bildungseinrichtungen.

Druck A[9] / Jahr 2017
Alle Drucke der Serie A sind im Unterricht parallel verwendbar.

Illustration: Angelika Çıtak
Redaktion: Isolde Richter
Herstellung: Gundula Wanjek-Binder, Hannover
Layout: Andrea Heissenberg, Jennifer Kirchhof
Umschlaggestaltung: Andrea Heissenberg, Jennifer Kirchhof,
mit einer Illustration von Alexander Steffensmeier
Satz: typotext, Sabine Rettstatt, Dortmund
Druck und Bindung: westermann druck GmbH, Braunschweig

ISBN 978-3-507-**42548-4**

Inhalt

Einleitung 4

Wörterverzeichnis für das 1./2. Schuljahr . . . 15

Wörterverzeichnis für das 3./4. Schuljahr . . . 63

Sprache 256

Rechtschreiben 271

English Vocabulary 280

Einleitung

Liebe Schülerin, lieber Schüler,

bist du manchmal unsicher und weißt nicht,
wie ein Wort geschrieben wird?

nach Hause oder *nachhause*?
endlich oder *endlig*?
sie war als *Erste* oder *erste* im Ziel?
die Ampel steht auf *Rot* oder *rot*?

Dann schlage in diesem Wörterbuch nach.
Dort findest du dann die richtige Schreibung.

Dazu musst du aber das Nachschlagen üben.
Nachschlagen können, das gehört zum Wichtigsten,
was man für die Rechtschreibung lernen muss.
Und dazu ist dieses Wörterbuch da.

Wie ist dieses Wörterbuch aufgebaut?

Dieses Wörterbuch enthält zwei Wörterverzeichnisse:
Seite 15 – 62: Wörter für die 1. und 2. Klasse
mit orange Rand,
Seite 63 – 255: Wörter für die 3. und 4. Klasse
mit rotem Rand.

Außerdem findest du in diesem Wörterbuch ein Kapitel
über **Rechtschreibung** und **Grammatik** (Seite 256 – 279).
Darin erfährst du etwas über Wörter und Sätze und
über die wichtigsten Regeln der Rechtschreibung.

Am Ende des Wörterbuchs auf den Seiten 280 – 292 haben wir **englische Vokabeln** zu den Themen *Familie und Freunde, mein Körper, Kleidung, Einkaufen, Leben und Wohnen, Spielen, Schule, Essen und Trinken, Obst und Gemüse, Jahreszeiten, Feiern, Monate und Wochentage, Wetter, Farben, Zahlen, Tiere* sowie *Redewendungen* zusammengestellt.

Wie sind die Wörter angeordnet?

Natürlich sind die Wörter nach dem Alphabet, also dem ABC, angeordnet. Wenn du ein Wort wie *Herbst* suchst, schlägst du also unter dem Buchstaben **H/h** nach, blätterst von da aus weiter – und findest das Wort. Der farbige ABC-Streifen am Seitenrand erleichtert dir die Suche.

Nicht immer ist es ganz so einfach, ein Wort gleich zu finden; denn manchmal gibt es sehr viele Wörter, die mit ein und demselben Anfangsbuchstaben beginnen. So zum Beispiel bei dem Buchstaben **S/s**. Da musst du wissen, dass die Wörter auch nach dem zweiten und dritten Buchstaben alphabetisch angeordnet sind, die Wörter mit **S/s** also so: Saal – schaben – schwer – sechs – sieben – Spagat – Staat – super

Da achtest du also auf den zweiten und dritten Buchstaben in einem Wort, damit du nicht zu viel blättern musst.

Eine gute Hilfe bieten dir auch die Wörter und Buchstabengruppen oben auf den Seiten. Sie heißen „Kopfwörter".
An ihnen kannst du erkennen, zwischen welchen von ihnen du ein gesuchtes Wort finden kannst.
Suchst du zum Beispiel das Wort *Angst*, dann findest du es zwischen

angreifen und *anhalten*

Was ist zu den einzelnen Wörtern gesagt?

Im Verzeichnis für das 1./2. Schuljahr sind viele Wörter farbig gedruckt:
rot die Nomen (Namenwörter, Substantive),
blau die Verben (Tuwörter, Tätigkeitswörter) und
grün die Adjektive (Wiewörter, Eigenschaftswörter).

Zu den einzelnen Stichwörtern bekommst du folgende weitere Hinweise:
Striche im Wort geben die
Silbentrennung an: *Ängs/te, ängst/lich*

Dicke Pfeile hinter einem Wort verweisen auf einen **Merkkasten**, in dem du weitere Hinweise auf die Schreibung der Wörter findest:

Angst, die ➜

➡ **Angst/angst**

Großschreibung ...
Kleinschreibung ...

Nomen: Hinter den Nomen steht der **Artikel**:
Darunter steht der **Plural** (Mehrzahl):
Oft stehen **weitere** Wörter darunter,
die zu dem Wort gehören:

Angst, die

die Ängs|te

ängst|lich, ...

Verben: Die Verben stehen zunächst in der **Grundform**:
Zu schwierigen Verben stehen darunter weitere Formen:
im **Präsens**:
im **Präteritum**:
im **Perfekt**:
Zu manchen Verben findest du im Wörterverzeichnis auch andere Formen:
Der dünne **Pfeil** verweist dann auf
die **Grundform**:

he|ben

du hebst, sie hebt,
hob,
hat ge/ho/ben.

hob → heben
ge|ho|ben → heben

Adjektive: Unter den Adjektiven
findest du **bil|lig**
die **Steigerungsformen**: bil|li|ger,
am bil|ligs|ten

Zu manchen Wörtern findest du **bloß**
Erklärungen: was sie bedeuten *das war bloß (nur)*
ein Scherz
oder wie sie gebraucht werden: *sie geht mit*
bloßen (nackten)
Füßen

Wie kannst du das Nachschlagen üben?

Damit du mit deinem Wörterbuch immer besser
zurechtkommst, musst du regelmäßig üben.
Wer ein Wort im Wörterbuch möglichst rasch findet,
der kann seine Rechtschreibung verbessern.
Hier sind einige Übungsvorschläge:

Übungen für alle:

Das ABC üben:
Das **ABC** musst du natürlich auswendig können,
sonst lernst du das Nachschlagen nie. Übe es also!
Hier ist das **ABC** unvollständig.

A, B, C, D, F, G, I, J, K, L, N, O, P, Qu, R, T, U, W, X, Y, Z
Schreibe es auf und füge die folgenden Buchstaben ein:
H, S, V, M, E.
Und hier steht das **ABC** von hinten nach vorn.
Welche Buchstaben fehlen?
Schreibe in der richtigen Reihenfolge
von vorn nach hinten auf:
z, y, x, w, v, u, s, r, qu, o, n, m, k, j, i, h, f, d, c, b, a

Das Wörterbuch durchblättern:
Blättere in deinem Wörterbuch und schreibe dir
5 Wörter heraus, die du magst.
Schreibe die Seitenzahl dahinter,
auf der du sie gefunden hast.

Das Wörterbuch aufschlagen:
Schlage das Wörterverzeichnis mit dem roten Rand
ungefähr in der Mitte auf.
Welches ist das erste Wort links oben? Schreibe es auf.
Schlage das Wörterverzeichnis ziemlich weit hinten auf.
Welches ist das erste Wort links oben? Schreibe es auf.

Das Wörterbuch an einer bestimmten Stelle aufschlagen:
Versuche so schnell wie möglich eine Seite zu finden,
auf der Wörter mit **K/k** stehen.
Wie oft musstest du die Seiten umblättern?
Schreibe es auf.

Mache es genauso mit **B/b, R/r, T/t, Z/z.**

Das erste Wort zu einem Buchstaben finden:
Suche das erste Wort, das mit **Sch/sch** anfängt.
Auf welcher Seite steht es?
Suche das erste Wort mit **Schw/schw, Sp/sp, St/st.**

Das Wörterbuch nach bestimmten Wörtern durchsuchen:
Schreibe dir 5 Wörter auf. Schau dann nach,
ob sie im Wörterbuch stehen.
Wenn du sie gefunden hast,
schreibe die Seitenzahl dahinter.

Erste Wörter zu einem bestimmten Buchstaben suchen:
Schreibe jeweils das erste Wort auf,
das du unter den Buchstaben **A, C, F, P, S, V** findest.

Lieblingswörter suchen:
Denke dir ein Lieblingswort mit **B/b** oder **R/r** aus.
Suche es im Wörterbuch
und schreibe die Seitenzahl dahinter.

Lange Wörter suchen:
Suche ein möglichst langes Wort
mit dem Buchstaben **L/l.** Schreibe es auf.
Suche auch lange Wörter mit **R/r, Z/z.**

Übungen für das Wörterverzeichnis 1. und 2. Schuljahr:

1. Welches Wort steht zwischen

> **kam** und **kämmen**
> **kritzeln** und **Küche**
> **Meer** und **Mehl**
> **quälen** und **Quark**
> **spät** und **sperren**
> **Tier** und **Tisch**
> **Zaun** und **zehn**
> **Zettel** und **Zimmer**?

Schreibe die Wörter und die Seitenzahlen auf.

2. DASKLEINEPFERDSPRINGTFRÖHLICHÜBERDIEWIESE

Was schreibt man groß, was klein?
Schreibe die Wörter der Wörterschlange einzeln auf.
Vergiss die Seitenzahl nicht.

3.

Arm	Bein	Daumen	Rücken	Finger
Bauch	Fuß	Hand	Ohr	Auge

Affe	Esel	Frosch	Huhn	Katze
Löwe	Gans	Bär	Krokodil	Meerschweinchen

Ordne die Wörter nach dem **ABC** und schreibe sie
in der richtigen Reihenfolge auf.

11

Übungen für das Wörterverzeichnis 3. und 4. Schuljahr:

Auf „Kopfwörter" achten:
Kopfwörter sind die Wörter und Buchstabengruppen
am oberen Rand einer Seite.
Schlage die Seite 106 auf. Welche Kopfwörter
stehen oben am Rand? Schreibe sie auf.
Suche das Wort **Leckerbissen.**
Zwischen welchen Kopfwörtern findest du es?
Schreibe die Kopfwörter auf.
Mache es genauso mit den Wörtern **Elefant**
und **Tombola.**

Wie schreibt man das Wort – mit eu oder äu?
Schlage im Wörterbuch nach,
ob das Wort **S**le** mit eu oder mit äu geschrieben wird.
Schreibe die Seite auf, auf der du es gefunden hast.
Mache es genauso mit den Wörtern
l**chten und **aufr**men.**

Wie schreibt man das Wort: mit C oder K?
Manchmal musst du an zwei Stellen
im Wörterbuch nachschlagen.
Wie schreibt man zum Beispiel ***ousin** und ***ousine**
oder gar ***usine?**
Schlage im Wörterbuch nach.
Mache es genauso bei den Wörtern ***reme** oder ***rem**
und ***ornflakes.**

An zwei Stellen nachschlagen:
Viele zusammengesetzte Wörter findest du nur,
wenn du an zwei Stellen nachschlägst.
Zum Beispiel **Blütenstängel.**
Da musst du einmal unter **Blüte** und ein zweites Mal
unter **Stängel** nachschlagen.
Wie schreibt man das Wort:
Vaniljesoße – Vanillesoße – Vanillesose?
Suche es unter dem ersten Teil des Wortes
und unter dem zweiten Teil und schreibe es richtig auf.
Mache es genauso mit den Wörtern
**Fingert*eater – Spielz*ugeisenbahn – Ind*anerzelt –
Aben*euerbuch.**

Wie heißt der Plural (die Mehrzahl)?
Suche zu folgenden Wörtern die Mehrzahl
und schreibe sie auf:
Strauch, Gaul, Stock, Bonbon, Globus.

Wie heißen die Vergangenheitsformen?
Suche das Präteritum und das Perfekt von
gehen, lügen, klingen, legen, liegen.
Schreibe die Formen so auf:
gehen, ging, ist gegangen – lügen, …

Wie werden die Wörter in Silben getrennt?
Suche die folgenden Wörter
und schreibe sie mit Silbentrennungsstrichen auf:

**langweilig - Langeweile, lieber - am liebsten,
Dienstag, Abenteuer, schimmelig.**
Schreibe sie so auf:
lang-wei-lig, ...

Die Bedeutung nachschlagen:
Was bedeutet das Wort **Interview?**
Schlage es nach und schreibe es im Satz auf.
Mache es genauso mit den Wörtern
malen, mahlen, Panik, Pech, schlapp.

Im Merkkasten nachschlagen:
Hinter dem Stichwort **fünf** ➜ steht ein Pfeil.
Schlage den Merkkasten dazu auf.
Wie schreibt man:
es ist halb F/fünf – er wurde F/fünfter?
Schreibe es richtig auf.

A/a

ab
Abend, der
  die Aben|de
  abends
aber
acht
Af|fe, der
  die Af|fen
ähn|lich
al|le
al|lein
al|les
als
al|so
alt
  äl|ter,
  am äl|tes|ten
am
  am (an dem) Morgen
Amei|se, die
  die Amei|sen

Am|pel, die
  die Am|peln
Am|sel, die
  die Am|seln
an
an|de|re
än|dern
An|fang, der
an|fan|gen
  sie fängt an
an|fas|sen
  er fasst an
Angst, die
  die Ängs|te
ängst|lich
an|ru|fen
  er ruft sie an
ans (an das)
an|schau|en
Ant|wort, die
ant|wor|ten
  er ant|wor|tet
Ap|fel, der
  die Äp|fel

Ap bis Ax

Ap|fel|si|ne, die
die Ap|fel|si|nen
Ap|ril, der
Ar|beit, die
die Ar|bei|ten
ar|bei|ten
sie ar|bei|tet
Är|ger, der
är|ger|lich
är|gern
sie ärgert sich
arm
är|mer, am ärms|ten
Arm, der
die Ar|me
Arzt, der
die Ärz|te
Ärz|tin, die
die Ärz|tin|nen
aß → essen
Ast, der
die Äs|te
auch
auf
auf ein|mal

auf|bau|en
Auf|ga|be, die
die Auf|ga|ben
auf|he|ben → heben
er hebt etwas auf
auf|hö|ren
es hört auf zu regnen
auf|pas|sen
sie passt gut auf
auf|ste|hen → stehen
auf|wa|chen
er wacht früh auf
Au|ge, das
die Au|gen
Au|gust, der
aus
Aus|flug, der
die Aus|flü|ge
aus|la|chen
au|ßer|dem
Au|to, das
die Au|tos
Axt, die
die Äx|te

Ba bis be

B/b

Ba|by, das
die Ba|bys
ba|cken
sie bäckt *oder:*
sie backt
Bad, das
die Bä|der
ba|den
er ba|det
Bahn, die
die Bah|nen
bald
Ball, der
die Bäl|le
Bank, die
die Bän|ke
Bär, der
die Bä|ren
bas|teln
sie bas|telt
Bauch, der
die Bäu|che

bau|en
sie baut
Baum, der
die Bäu|me
Bee|re, die
die Bee|ren
bei
bei|de
beim
beim (bei dem)
Frühstück
Bein, das
die Bei|ne
bei|ßen
er beißt, er biss,
er hat ge|bis|sen
be|kom|men
sie be|kommt,
sie be|kam,
sie hat be|kom|men
bel|len
er bellt
Berg, der
die Ber|ge
bes|ser → gut

A
B
C
D
E
F
G
H
I
J
K
L
M
N
O
P
Qu
R
S
T
U
V
W
X
Y
Z

Be bis Boh

Be|such, der
be|su|chen
Bett, das
  die Bet|ten
Beu|le, die
  die Beu|len
be|we|gen
  es be|wegt sich
be|zah|len
  sie be|zahlt
Bie|ne, die
  die Bie|nen
Bild, das
  die Bil|der
bin → sein
  ich bin hier
Bir|ne, die
  die Bir|nen
bis
biss|chen
  ein *bisschen zu viel*
bist → sein
  du bist hier
bit|ten
  sie bit|tet

blass
Blatt, das
  die Blät|ter
blau
blei|ben
  er bleibt, er blieb,
  er ist ge|blie|ben
Blei|stift, der
  die Blei|stif|te
blit|zen
  es blitzt
blond
blü|hen
  es blüht
Blu|me, die
  die Blu|men
Blu|se, die
  die Blu|sen
Blü|te, die
  die Blü|ten
Bo|den, der
  die Bö|den
Boh|ne, die
  die Boh|nen

A
B
C
D
E
F
G
H
I
J
K
L
M
N
O
P
Qu
R
S
T
U
V
W
X
Y
Z

Bo bis Bu

Boot, das
die Boo|te
bö|se
brach|te → bringen
brau|chen
sie braucht das nicht
braun
bre|chen
es bricht, es brach,
es ist ge|bro|chen
breit
brei|ter,
am brei|tes|ten
bren|nen
es brennt,
es brann|te,
es hat ge|brannt
Brief, der
die Brie|fe
Bril|le, die
die Bril|len
brin|gen
sie bringt,
sie brach|te,
sie hat ge|bracht

Brot, das
die Bro|te
Bröt|chen, das
die Bröt|chen
Bru|der, der
die Brü|der
brül|len
er brüllt
brum|men
sie brummt
Buch, das
die Bü|cher
bunt
Bus, der
die Bus|se
Busch, der
die Bü|sche
But|ter, die

A
B
C
D
E
F
G
H
I
J
K
L
M
N
O
P
Qu
R
S
T
U
V
W
X
Y
Z

19

Ca bis **den**

C/c

Cam|ping, das
Cent, der
  die Cents
Chip, der
  die Chips
Chor, der
  die Chö|re
Christ|baum, der
  die Christ|bäu|me
Clown, der
  die Clowns,
  die Clow|nin
Co|mic, der
  die Co|mics
Com|pu|ter, der
  die Com|pu|ter

D/d

da
da|bei
Dach, das
  die Dä|cher
dach|te → denken
da|nach
dan|ken
  sie dankt
dann
darf → dürfen
da|rin
da|rum
das
Dau|men, der
  die Dau|men
de|cken
  sie deckt
dein
  dei|ne, dei|ner
dem
den

de bis dü

den|ken
sie denkt, sie dach|te,
sie hat ge|dacht
denn
der
des
des|halb
De|zem|ber, der
dich
dick
di|cker, am dicks|ten
die
Diens|tag, der
die Diens|ta|ge
dies
die|se, die|ser, die|ses
Di|no|sau|ri|er, der
die Di|no|sau|ri|er
dir
doch
don|nern
es don|nert
Don|ners|tag, der
die Don|ners|ta|ge
doof

Dorf, das
die Dör|fer
dort
Do|se, die
die Do|sen
Dra|chen, der
die Dra|chen
drau|ßen
Dreck, der
dre|ckig
dre|cki|ger,
am dre|ckigs|ten
dre|hen
er dreht
drei
drü|cken
sie drückt
du
dumm
düm|mer,
am dümms|ten
dun|kel
dünn
dün|ner,
am dünns|ten

21

du bis Ei

durch
dür|fen
 er darf, er durf|te,
 er hat ge|durft
Durst, der
durs|tig

E/e

eben
Ecke, die
 die Ecken
eckig
Ei, das
 die Ei|er
ei|gent|lich
Ei|mer, der
 die Ei|mer
ein
 ei|ne, ei|nem,
 ei|nen, ei|ner
ein|fach
ei|ni|ge
ein|kau|fen
 er kauft etwas ein
ein|la|den
 sie lädt ein,
 sie lud ein,
 sie hat ein|ge|la|den
Ein|la|dung, die
 die Ein|la|dun|gen

ein bis **Eu**

ein|mal
eins
Eis, das
Ei|sen|bahn, die
  die Ei|sen|bah|nen
Ele|fant, der
  die Ele|fan|ten
elf
El|tern, die
En|de, das
  zu En|de
end|lich
eng
  en|ger,
  am engs|ten
En|te, die
  die En|ten
er
Erd|bee|re, die
  die Erd|bee|ren
Er|de, die
er|klä|ren
  sie erklärt ihm etwas
er|lau|ben
  sie er|laubt

erst
er|zäh|len
  sie er|zählt
es
Esel, der
  die Esel
es|sen
  er isst, er aß,
  er hat ge|ges|sen
et|wa
et|was
euch
  eu|er, eu|re
Eu|le, die
  die Eu|len
Eu|ro, der
  die Eu|ros

A
B
C
D
E
F
G
H
I
J
K
L
M
N
O
P
Qu
R
S
T
U
V
W
X
Y
Z

23

F/f

fah|ren
sie fährt, sie fuhr,
sie ist ge|fah|ren
Fahr|rad, das
die Fahr|rä|der
fal|len
sie fällt, sie fiel,
sie ist ge|fal|len
Fa|mi|lie, die
die Fa|mi|li|en
fan|gen
sie fängt, sie fing,
sie hat ge|fan|gen
Fa|sching, der
fas|sen
sie fasst ihn an
fast (beinahe)
ich bin fast 8 Jahre
Fe|bru|ar, der
Fe|der, die
die Fe|dern

Fee, die
die Fe|en
feh|len
sie fehlt
Feh|ler, der
die Feh|ler
Fei|er, die
die Fei|ern
fei|ern
er fei|ert
fein
Feld, das
die Fel|der
Fens|ter, das
die Fens|ter
Fe|ri|en, die
fern|se|hen
er sieht fern,
er sah fern,
er hat fern|ge|se|hen
fer|tig
fest
Fest, das
die Fes|te
fest|hal|ten → halten

24

feu bis Fr

feucht
Feu|er, das
  die Feu|er
fiel → fallen
fin|den
  sie fin|det, sie fand,
  sie hat ge|fun|den
Fin|ger, der
  die Fin|ger
Fisch, der
  die Fi|sche
flach
Fla|sche, die
  die Fla|schen
Flie|ge, die
  die Flie|gen
flie|gen
  er fliegt, er flog,
  er ist ge|flo|gen
flie|ßen
  es fließt, es floss,
  es ist ge|flos|sen
Flü|gel, der
  die Flü|gel

Flug|zeug, das
  die Flug|zeu|ge
Fluss, der
  die Flüs|se
flüs|sig
flüs|tern
  sie flüs|tert
fort
fra|gen
  sie fragt
Frau, die
  die Frau|en
frech
  fre|cher,
  am frechs|ten
frei
Frei|tag, der
  die Frei|ta|ge
fremd
Frem|de, die
fres|sen
  sie frisst, sie fraß,
  sie hat ge|fres|sen
Freu|de, die
  die Freu|den

A B C D E **F** G H I J K L M N O P Qu R S T U V W X Y Z

fr bis Fu

freu|en
er freut sich
Freund, der
die Freun|de
Freun|din, die
die Freun|din|nen
freund|lich
fried|lich
frie|ren
sie friert, sie fror,
sie hat ge|fro|ren
frisch
frisst → fressen
froh
Frosch, der
die Frö|sche
Frucht, die
die Früch|te
früh
Früh|ling, der
füh|len
fuhr → fahren
füh|ren
sie führt
fül|len

Fül|ler, der
die Fül|ler
fünf
für
sie setzt sich für
ihn ein
Fuß, der
die Fü|ße
Fuß|ball, der
die Fuß|bäl|le

26

ga bis ge

G/g

gab → geben

Ga|bel, die
die Ga|beln

ganz
gan|ze, gan|zer

Gar|ten, der
die Gär|ten

Gast, der
die Gäs|te

ge|ben
sie gibt, sie gab,
sie hat ge|ge|ben

ge|bis|sen → beißen

ge|blie|ben →
bleiben

ge|bracht →
bringen

ge|brannt →
brennen

ge|bro|chen ›
brechen

Ge|burts|tag, der
die Ge|burts|ta|ge

ge|dacht → denken

ge|fal|len
es ge|fällt, es ge|fiel,
es hat ihr gefallen

ge|flo|gen →
fliegen

ge|flos|sen →
fließen

ge|fro|ren →
frieren

ge|fun|den →
finden

ge|gan|gen →
gehen

ge|hen
er geht, er ging,
er ist ge|gan|gen

ge|ho|ben →
heben

ge|hol|fen →
helfen

ge|kannt →
kennen

A
B
C
D
E
F
G
H
I
J
K
L
M
N
O
P
Qu
R
S
T
U
V
W
X
Y
Z

27

gek bis gew

ge|klun|gen →
klingen
ge|kro|chen →
kriechen
gelb
Geld, das
die Gel|der
Ge|mü|se, das
ge|nau
ge|nom|men →
nehmen
ge|ra|de
ge|rannt → rennen
ge|ris|sen → reißen
gern
Ge|schenk, das
die Ge|schen|ke
Ge|schich|te, die
die Ge|schich|ten
ge|schrie|ben →
schreiben
ge|schrien →
schreien
ge|schwom|men
→ schwimmen

ge|ses|sen →
sitzen
Ge|sicht, das
die Ge|sich|ter
Ge|spenst, das
die Ge|spens|ter
ge|spro|chen
→ sprechen
ge|sprun|gen →
springen
ges|tern
ge|sund
ge|sün|der,
am ge|sün|des|ten
ge|tan → tun
ge|we|sen→ sein
ge|win|nen
sie ge|winnt,
sie ge|wann,
sie hat ge|won|nen
ge|wor|fen →
werfen
ge|wusst → wissen

gi bis Ha

gibt → geben
Glas, das
  die Glä|ser
glatt
glau|ben
  er glaubt
gleich
Glück, das
glück|lich
Gras, das
  die Grä|ser
grau
groß
  grö|ßer, am größ|ten
Groß|el|tern, die
grün
gru|se|lig
Gruß, der
  die Grü|ße
grü|ßen
  sie grüßt
gu|cken
  er guckt
gut
  bes|ser, am bes|ten

H/h

Haar, das
  die Haa|re
ha|ben
  du hast,
  er hat, er hat|te,
  er hat ge|habt
halb
Hals, der
  die Häl|se
hal|ten
  sie hält, sie hielt,
  sie hat ge|hal|ten
Ham|mer, der
  die Häm|mer
Hand, die
  die Hän|de
hän|gen
hart
  här|ter,
  am här|tes|ten
Ha|se, der
  die Ha|sen

hä bis Hi

häss|lich

hat → haben

hat|te → haben

Haus, das
die Häu|ser

Haut, die
die Häu|te

he|ben
er hebt, er hob,
er hat ge|ho|ben

He|cke, die
die He|cken

Heft, das
die Hef|te

hei|len

heiß
hei|ßer,
am hei|ßes|ten

hei|ßen
sie heißt Paula

hel|fen
er hilft, er half,
er hat ge|hol|fen

hell
hel|ler, am hells|ten

Hemd, das
die Hem|den

her

he|rauf

he|raus

Herbst, der

he|rein

Herr, der
die Her|ren

he|run|ter

Herz, das
die Her|zen

herz|lich

heu|len
er heult

heu|te

He|xe, die
die He|xen

hielt → halten

hier

Hil|fe, die
die Hil|fen

hilft → helfen

Him|mel, der
die Him|mel

hin bis Hü

hin
hi|nauf
hi|naus
hi|nein
hin|ten
hin|ter
hin|ter|her
hi|nun|ter
Hob|by, das
  die Hob|bys
hoch
  hö|her,
  am höchs|ten
Hof, der
  die Hö|fe
hof|fen
  sie hofft
hof|fent|lich
ho|len
  sie holt
Holz, das
  die Höl|zer
hor|chen
  er horcht

hö|ren
  sie hört
Hort, der
  die Hor|te
Ho|se, die
  die Ho|sen
hübsch
Huhn, das
  die Hüh|ner
Hund, der
  die Hun|de
hun|dert
Hun|ger, der
hung|rig
hüp|fen
  sie hüpft
Hut, der
  die Hü|te
Hüt|te, die
  die Hüt|ten

A
B
C
D
E
F
G
H
I
J
K
L
M
N
O
P
Qu
R
S
T
U
V
W
X
Y
Z

ich bis ju

I/i

ich
Idee, die
  die Ide|en
Igel, der
  die Igel
ihm
ihn
  ih|nen
ihr
  ih|re
im (in dem)
im|mer
in
ins (in das)
In|sel, die
  die In|seln
isst → essen
  sie isst Kuchen
ist → sein
  sie ist nett

J/j

ja
Ja|cke, die
  die Ja|cken
Jahr, das
  die Jah|re
Ja|nu|ar, der
je|de
  je|der, je|des
je|mand
jetzt
Jo|ghurt, der
  auch: der Jo|gurt
Jo-Jo, das
  die Jo-Jos
  auch: das Yo-Yo,
  die Yo-Yos
ju|cken
  es juckt
Ju|li, der
jung
  jün|ger,
  am jüngs|ten

32

Jun bis **Ka**

Jun|ge, der
die Jun|gen
auch: die Jungs
Ju|ni, der

K/k

Kä|fer, der
die Kä|fer
Kaf|fee, der
Kä|fig, der
die Kä|fi|ge
Ka|len|der, der
die Ka|len|der
kalt
käl|ter,
am käl|tes|ten
Käl|te, die
kam → kommen
Kamm, der
die Käm|me
käm|men
er kämmt sich
Ka|nin|chen, das
die Ka|nin|chen
kann → können
ich kann lesen
Kan|ne, die
die Kan|nen

Ka bis kle

Kap|pe, die
die Kap|pen
ka|putt
Kar|ne|val, der
Ka|rot|te, die
die Ka|rot|ten
Kar|te, die
die Kar|ten
Kar|tof|fel, die
die Kar|tof|feln
Kas|se, die
die Kas|sen
Kas|ta|nie, die
die Kas|ta|ni|en
Kas|ten, der
die Käs|ten
Ka|ter, der
die Ka|ter
Kätz|chen, das
die Kätz|chen
Kat|ze, die
die Kat|zen
kau|fen
sie kauft

kein
kei|ne, kei|ner,
kei|nes
ken|nen
sie kennt,
sie kann|te,
sie hat ihn gekannt
Ker|ze, die
die Ker|zen
Ket|te, die
die Ket|ten
Kind, das
die Kin|der
Ki|no, das
die Ki|nos
kip|pen
es kippt
Kir|sche, die
die Kir|schen
kit|zeln
es kit|zelt
Klas|se, die
die Klas|sen
kle|ben
es klebt

34

Kl bis kr

Kleid, das
die Klei|der
klein
klei|ner,
am kleins|ten
klet|tern
sie klet|tert
klin|geln
es klin|gelt
klin|gen
es klingt
klop|fen
es klopft
knab|bern
er knab|bert
Knie, das
die Knie
ko|chen
er kocht
Kof|fer, der
die Kof|fer
ko|misch
kom|men
er kommt, er kam,
er ist ge|kom|men

Kö|nig, der
die Kö|ni|ge
Kö|ni|gin, die
die Kö|ni|gin|nen
kön|nen
sie kann,
sie konn|te,
sie hat ge|konnt,
sie könn|te
Kopf, der
die Köp|fe
Korb, der
die Kör|be
kos|ten
es kostet viel Geld
sie kostet die Soße
Kör|per, der
die Kör|per
krab|beln
es krab|belt
Krach, der
die Krä|che
kra|chen
es kracht
krank

A
B
C
D
E
F
G
H
I
J
K
L
M
N
O
P
Qu
R
S
T
U
V
W
X
Y
Z

Kr bis kü

Kran|ken|haus, das
die Kran|ken|häu|ser
krat|zen
es kratzt
Kraut, das
die Kräu|ter
Kreis, der
die Krei|se
krie|chen
sie kriecht, sie kroch,
sie ist ge|kro|chen
krie|gen
sie kriegt,
sie krieg|te,
sie hat ge|kriegt
krit|zeln
er krit|zelt
Kro|ko|dil, das
die Kro|ko|di|le
Kü|che, die
die Kü|chen
Ku|chen, der
die Ku|chen
Kuh, die
die Kü|he

kurz
kür|zer,
am kür|zes|ten
Kuss, der
die Küs|se
küs|sen
er küsst

L/l

la|chen
 sie lacht
La|den, der
 die Lä|den
Lamm, das
 die Läm|mer
Lam|pe, die
 die Lam|pen
Land, das
 die Län|der
lang
 län|ger, am längs|ten
lang|sam
las|sen
 sie lässt, sie ließ,
 sie hat ge|las|sen
lau|fen
 sie läuft, sie lief,
 sie ist ge|lau|fen
laut
 lauter,
 am lau|tes|ten

läu|ten
Le|ben, das
le|ben
 sie lebt
le|cker
leer
le|gen
 sie legt sich hin
Leh|rer, der
 die Leh|rer
Leh|re|rin, die
 die Leh|re|rin|nen
leicht
lei|se
Lei|ter, die
 die Lei|tern
ler|nen
 sie lernt
Le|se|buch, das
 die Le|se|bü|cher
le|sen
 er liest, er las,
 er hat ge|le|sen
Leu|te, die
Le|xi|kon, das

Li bis lu

Licht, das
die Lich|ter
lieb
lie|ber, am liebs|ten
lie|ben
er liebt
Lied, das
die Lie|der
lie|gen
sie liegt, sie lag,
sie hat ge|le|gen
sie liegt auf dem Sofa
liest → lesen
li|la
eine lila Bluse
Li|mo|na|de, die
die Li|mo|na|den
links
Lip|pe, die
die Lip|pen
Loch, das
die Lö|cher
Löf|fel, der
die Löf|fel
los

Lö|we, der
die Lö|wen
Lö|wen|zahn, der
Luft, die
die Lüf|te
lus|tig
lus|ti|ger,
am lus|tigs|ten

38

ma bis mi

M/m

ma|chen
  er macht
Mäd|chen, das
  die Mäd|chen
mag → mögen
Mai, der
mal
ma|len
  sie malt
Ma|ma, die
  die Ma|mas
man
manch|mal
Mann, der
  die Män|ner
Man|tel, der
  die Män|tel
Mär|chen, das
  die Mär|chen
Mar|me|la|de, die
  die Mar|me|la|den

März, der
Maus, die
  die Mäu|se
Mäus|chen, das
  die Mäus|chen
Meer, das
  die Mee|re
Meer|schwein|chen, das
  die Meer|schwein|chen
Mehl, das
mehr
mein
  mei|ne, mei|ner
mei|nen
Mensch, der
  die Men|schen
mer|ken
Mes|ser, das
  die Mes|ser
mich
Milch, die
Mi|nu|te, die
  die Mi|nu|ten
mir
mit

39

Mi bis Mü

Mit|tag, der
die Mit|ta|ge
mit|tags
Mitt|woch, der
die Mitt|wo|che
mö|gen
er mag,
er möch|te,
er moch|te,
er hat ge|mocht
mög|lich
Möh|re, die
die Möh|ren
Mohr|rü|be, die
die Mohr|rü|ben
Mo|nat, der
die Mo|na|te
Mond, der
die Mon|de
Mon|tag, der
die Mon|ta|ge
mor|gen
morgen Abend

Mor|gen, der
sie wacht am Morgen
auf
mor|gens
sie wacht morgens
auf
Mo|tor, der
die Mo|to|ren
mü|de
Mund, der
die Mün|der
Mu|sik, die
müs|sen
sie muss,
sie muss|te,
sie müss|te
Mut, der
mu|tig
mu|ti|ger,
am mu|tigs|ten
Mut|ter, die
die Müt|ter
Müt|ze, die
die Müt|zen

40

na bis Ne

N/n

nach
nach Hau|se
auch: nach|hau|se
nach|her
Nach|mit|tag, der
die Nach|mit|ta|ge
nach|mit|tags
nächs|te
die nächste Stunde
Nacht, die
die Näch|te
nachts
Na|del, die
die Na|deln
Na|gel, der
die Nä|gel
na|he
nä|her,
am nächs|ten
nahm → nehmen
Na|me, der
die Na|men

Na|mens|tag, der
die Na|mens|ta|ge
Napf, der
die Näp|fe
Na|se, die
die Na|sen
nass
nas|ser/näs|ser,
am nas|ses|ten/
am näs|ses|ten
Ne|bel, der
die Ne|bel
ne|ben
neb|lig
neh|men
er nimmt, er nahm,
er hat ge|nom|men
nein
nen|nen
sie nennt,
sie nann|te,
sie hat ge|nannt
Nest, das
die Nes|ter

41

ne bis Op

nett
net|ter,
am net|tes|ten
neu
neu|er, am neu|es|ten
neun
nicht
nichts
nie
Ni|ko|laus, der
Ni|xe, die
die Ni|xen
noch
nö|tig
No|vem|ber, der
Nu|del, die
die Nu|deln
nun
nur
Nuss, die
die Nüs|se

O/o

ob
ob das wohl stimmt?
oben
Obst, das
ob|wohl
oder
Ofen, der
die Öfen
of|fen
öff|nen
sie öffnet die Tür
oft
oh|ne
Ohr, das
die Oh|ren
Ok|to|ber, der
Oma, die
die Omas
On|kel, der
die On|kel
Opa, der
die Opas

42

Or bis **pa**

Oran|ge, die
  die Oran|gen
oran|ge
  ein orange T-Shirt
ord|nen
Ord|nung, die
  es ist in Ordnung
Os|tern

P/p

paar
  ein paar Blumen
Paar, das
  die Paa|re
  ein Paar Schuhe
Päck|chen, das
  die Päck|chen
pa|cken
  sie packt
Pa|ket, das
  die Pa|ke|te
Pan|ne, die
  die Pan|nen
Pa|pa, der
  die Pa|pas
Pa|pier, das
  die Pa|pie|re
Pap|pe, die
  die Pap|pen
pas|sen
  passt die Hose?

A
B
C
D
E
F
G
H
I
J
K
L
M
N
O
P
Qu
R
S
T
U
V
W
X
Y
Z

pa bis Pr

pas|sie|ren
es passiert etwas
Pau|se, die
die Pau|sen
pfei|fen
er pfeift, er pfiff,
er hat ge|pfif|fen
Pferd, das
die Pfer|de
Pflan|ze, die
die Pflan|zen
pflan|zen
sie pflanzt
pfle|gen
er pflegt die Pflanzen
pflü|cken
sie pflückt
Pfüt|ze, die
die Pfüt|zen
Pilz, der
die Pil|ze
pink
Pin|sel, der
die Pin|sel

Piz|za, die
die Piz|zen
auch: die Piz|zas
Plan, der
die Plä|ne
plan|schen
er planscht
Platz, der
die Plät|ze
Plätz|chen, das
die Plätz|chen
plat|zen
der Ballon platzt
plötz|lich
Po|li|zei, die
Pom|mes, die
kurz für:
Pommes frites
Po|ny, das
die Po|nys
Po|po, der
die Po|pos
Post, die
Preis, der
die Prei|se

44

pri bis **qu**

pri|ma
das ist prima
(sehr gut)
Prinz, der
die Prin|zen
Prin|zes|sin, die
die Prin|zes|sin|nen
pro|bie|ren
er pro|biert
Pul|li, der
die Pul|lis
Pul|lo|ver, der
die Pul|lo|ver,
auch: der Pull|over
Punkt, der
die Punk|te
Pup|pe, die
die Pup|pen
pus|ten
sie pus|tet
put|zen
er putzt

Qu/qu

Qua|drat, das
die Qua|dra|te
qua|ken
der Frosch quakt
quä|len
Qual|le, die
die Qual|len
Quark, der
Quatsch, der
quat|schen
sie quatscht
quer
quiet|schen
die Tür quietscht

A B C D E F G H I J K L M N O **P** **Qu** R S T U V W X Y Z

45

Ra bis Re

R/r

Ra|be, der
  die Ra|ben
Rad, das
  die Rä|der
Rad fah|ren
  sie fährt Rad,
  sie fuhr Rad,
  sie ist Rad ge|fah|ren
Rad|fah|rer, der
  die Rad|fah|rer
Rad|fah|re|rin, die
  die Rad|fah|re|rin|nen
Ra|dio, das
  die Ra|di|os
ra|sen
  sie rast
Ra|sen, der
ra|ten
  er rät, er riet,
  er hat ge|ra|ten
Rät|sel, das
  die Rät|sel

rau|ben
  er raubt
rau|fen
  sie rauft (zankt) sich
  mit ihm
Rau|pe, die
  die Rau|pen
rech|nen
  sie rech|net
rechts
re|den
  er re|det
Re|gen, der
reg|nen
  es reg|net
rei|ben
  sie reibt, sie rieb,
  sie hat ge|rie|ben
reich
  rei|cher,
  am reichs|ten
Rei|he, die
  die Rei|hen
Reis, der

rei bis ru

rei|sen
er reist, er reis|te,
er ist ge|reist
sie reist in die Ferien

rei|ßen
sie reißt, sie riss,
sie hat ge|ris|sen
er reißt Papier kaputt

rei|ten
er rei|tet, er ritt,
er ist ge|rit|ten

ren|nen
sie rennt, sie rann|te,
sie ist ge|rannt

ret|ten
sie ret|tet

rich|tig

rie|chen
es riecht, es roch,
es hat ge|ro|chen

rief → rufen

Rie|se, der
die Rie|sen

Ring, der
die Rin|ge

Rock, der
die Rö|cke

rol|len
er rollt

Rol|ler, der
die Rol|ler

ro|sa
ein rosa Kleid

rot

Rü|cken, der
die Rü|cken

ru|fen
sie ruft, sie rief,
sie hat ge|ru|fen

Ru|he, die

ru|hig

rund

Rut|sche, die
die Rut|schen

rut|schen
sie rutscht

Sa bis schen

S/s

Sa|che, die
  die Sa|chen
Saft, der
  die Säf|te
sa|gen
  er sagt, er sag|te,
  er hat ge|sagt
sah → sehen
Sa|lat, der
  die Sa|la|te
Salz, das
Sa|men, der
  die Sa|men
sam|meln
  er sam|melt
Sams|tag, der
  die Sams|ta|ge
Sand, der
san|dig
saß → sitzen
Satz, der
  die Sät|ze

sau|ber
sau|er
sau|fen
  der Hund säuft
sau|sen
  sie saust (rennt) davon

Sch/sch

Schaf, das
  die Scha|fe
schaf|fen
scharf
  schär|fer,
  am schärfs|ten
Schat|ten, der
  die Schat|ten
schau|en
  er schaut
schei|nen
  die Sonne scheint,
  sie schien,
  sie hat ge|schie|nen
schen|ken
  er schenkt

Sche bis schö

Sche|re, die
die Sche|ren
schi|cken
sie schickt
schief
Schiff, das
die Schif|fe
schla|fen
er schläft,
er schlief,
er hat ge|schla|fen
schla|gen
sie schlägt,
sie schlug,
sie hat ge|schla|gen
schlecht
schlech|ter,
am schlech|tes|ten
schlimm
schlim|mer,
am schlimms|ten
Schlit|ten, der
die Schlit|ten
Schloss, das
die Schlös|ser

Schlüs|sel, der
die Schlüs|sel
schme|cken
das schmeckt gut
Schmet|ter|ling, der
die Schmet|ter|lin|ge
schmü|cken
sie schmückt sich
schmut|zig
Schnee, der
schnei|den
er schnei|det,
er schnitt,
er hat ge|schnit|ten
schnei|en
es schneit
schnell
schnel|ler,
am schnells|ten
Scho|ko|la|de, die
die Scho|ko|la|den
schon
ich bin schon da
schön
schö|ner,
am schöns|ten

A
B
C
D
E
F
G
H
I
J
K
L
M
N
O
P
Qu
R
S
T
U
V
W
X
Y
Z

Schr bis se

Schrank, der
die Schrän|ke
Schreck, der
die Schre|cken
schreck|lich
schrei|ben
sie schreibt,
sie schrieb,
sie hat ge|schrie|ben
schrei|en
er schreit, er schrie,
er hat ge|schrien
Schuh, der
die Schu|he
Schu|le, die
die Schu|len
Schü|ler, der
die Schü|ler
Schü|le|rin, die
die Schü|le|rin|nen
Schüs|sel, die
die Schüs|seln
Schwamm, der
die Schwäm|me

schwarz
schwär|zer,
am schwär|zes|ten
Schwein, das
die Schwei|ne
schwer
schwe|rer,
am schwers|ten
Schwes|ter, die
die Schwes|tern
schwim|men
sie schwimmt,
sie schwamm,
sie ist ge|schwom|men

S/s

sechs
See, der
die Seen
die See (das Meer)
se|hen
er sieht, er sah,
er hat ge|se|hen
sehr

sei bis So

seid → sein
ihr seid klug
Sei|fe, die
die Sei|fen
Seil, das
die Sei|le
sein
ich bin, du bist,
er, sie, es ist, wir sind,
ihr seid, sie sind,
sie war,
sie ist ge|we|sen
sein
sei|ne, sei|ner
seit
seit gestern
Sei|te, die
die Sei|ten
Se|kun|de, die
die Se|kun|den
selbst
sel|ten
Sep|tem|ber, der
set|zen
*sie setzt sich auf den
Stuhl*

sich
sie
sie|ben
sie|gen
sieht → sehen
sind → sein
sin|gen
er singt, er sang,
er hat ge|sun|gen
sit|zen
sie sitzt, sie saß,
sie hat ge|ses|sen
sie sitzt auf dem Stuhl
so
so|fort
so|gar
Sohn, der
die Söh|ne
sol|len
er soll das nicht tun
Som|mer, der
son|dern
Sonn|abend, der
die Sonn|aben|de

51

So bis Stä

Son|ne, die
die Son|nen
son|nig
Sonn|tag, der
die Sonn|ta|ge
sonst

Sp/sp

Spa|ghet|ti, die
auch: die Spa|get|ti
span|nend
spa|ren
sie spart
Spaß, der
die Spä|ße
spät
spä|ter,
am spä|tes|ten
Spatz, der
die Spat|zen
sper|ren
Spie|gel, der
die Spie|gel

Spiel, das
die Spie|le
spie|len
sie spielt
spitz
Sport, der
sport|lich
spre|chen
sie spricht, sie sprach,
sie hat ge|spro|chen
sprin|gen
er springt, er sprang,
er ist ge|sprun|gen

St/st

Sta|chel, der
die Sta|cheln
Stadt, die
die Städ|te
stand → stehen
Stan|ge, die
die Stan|gen
Stän|gel, der
die Stän|gel

sta bis Str

stark
stär|ker,
am stärks|ten
ste|cken
der Schlüssel steckt
ste|hen
sie steht, sie stand,
sie hat ge|stan|den
stei|gen
sie steigt,
sie stieg,
sie ist ge|stie|gen
Stein, der
die Stei|ne
stel|len
sie stellt sich hin
Stern, der
die Ster|ne
Stie|fel, der
die Stie|fel
Stift, der
die Stif|te
still
stil|ler, am stills|ten

Stim|me, die
die Stim|men
stim|men
es stimmt
Stirn, die
die Stir|nen
Stock, der
die Stö|cke
Stoff, der
die Stof|fe
stolz
stol|zer,
am stol|zes|ten
Stra|ße, die
die Stra|ßen
Strauch, der
die Sträu|cher
strei|cheln
er strei|chelt
Streit, der
strei|ten
sie strei|tet, sie stritt,
sie hat ge|strit|ten
Strumpf, der
die Strümp|fe

A
B
C
D
E
F
G
H
I
J
K
L
M
N
O
P
Qu
R
S
T
U
V
W
X
Y
Z

St bis Ted

Stück, das
die Stü|cke
Stuhl, der
die Stüh|le
Stun|de, die
die Stun|den

S/s

su|chen
sie sucht, sie such|te,
hat ge|sucht
sum|men
er summt
Sup|pe, die
die Sup|pen
süß
sü|ßer, am sü|ßes|ten

T/t

Ta|fel, die
die Ta|feln
Tag, der
die Ta|ge
Tan|ne, die
die Tan|nen
Tan|nen|baum, der
die Tan|nen|bäu|me
Tan|te, die
die Tan|ten
Tanz, der
die Tän|ze
tan|zen
sie tanzt
Ta|sche, die
die Ta|schen
Tas|se, die
die Tas|sen
Ta|xi, das
die Ta|xis
Ted|dy, der
die Ted|dys

54

Tee bis Tr

Tee, der
die Tees
tei|len
sie teilt
Te|le|fon, das
die Te|le|fo|ne
Tel|ler, der
die Tel|ler
Tem|pe|ra|tur, die
die Tem|pe|ra|tu|ren
teu|er
Text, der
die Tex|te
Ther|mo|me|ter, das
die Ther|mo|me|ter
tief
tie|fer, am tiefs|ten
Tier, das
die Tie|re
Ti|ger, der
die Ti|ger
Tisch, der
die Ti|sche
to|ben
er tobt

Toch|ter, die
die Töch|ter
toll
tol|ler, am tolls|ten
To|ma|te, die
die To|ma|ten
Topf, der
die Töp|fe
Tor, das
die To|re
Tor|te, die
die Tor|ten
tot
tra|gen
sie trägt, sie trug,
sie hat ge|tra|gen
Traum, der
die Träu|me
träu|men
sie träumt
trau|rig
trau|ri|ger,
am trau|rigs|ten
Trep|pe, die
die Trep|pen

55

tr bis Unf

tre|ten
er tritt, er trat,
er hat ge|tre|ten
trin|ken
sie trinkt, sie trank,
sie hat ge|trun|ken
tro|cken
trotz|dem
Tuch, das
die Tü|cher
tun
er tut, er tat,
er hat ge|tan
Tür, die
die Tü|ren
Turm, der
die Tür|me
tur|nen
sie turnt
Tü|te, die
die Tü|ten

U/u

üben
er übt
über
über|all
über|haupt
über|ho|len
über|que|ren
Übung, die
die Übun|gen
Ufer, das
die Ufer
Uhr, die
die Uh|ren
um
um|fal|len
sie fällt um,
sie fiel um,
sie ist um|ge|fal|len
und
Un|fall, der
die Un|fäl|le

Ung bis ve

Un|glück, das
  die Un|glü|cke
un|heim|lich
uns
  un|ser, un|se|re
Un|sinn, der
un|ten
un|ter
un|ter|hal|ten
Un|ter|richt, der
Ur|laub, der
  die Ur|lau|be
  sie fahren in den
  Urlaub (die Ferien)

V/v

Va|ter, der
  die Vä|ter
ver|ab|re|den
ver|ges|sen
  sie ver|gisst,
  sie ver|gaß,
  sie hat ver|ges|sen
ver|gess|lich
ver|kau|fen
  er ver|kauft
Ver|kehr, der
ver|klei|den
  sie verkleidet sich
ver|let|zen
  sie hat sich verletzt
ver|lie|ren
  er ver|liert, er ver|lor,
  er hat ver|lo|ren
ver|rei|sen
  er ver|reist
ver|ste|cken
  sie versteckt sich

ver bis wa

ver|ste|hen
sie ver|steht,
sie ver|stand,
sie hat ver|stan|den
ver|su|chen
er versucht es
viel
vie|le, vie|les
viel|leicht
vier
Vo|gel, der
die Vö|gel
voll
vom
von
vor
vor|bei
vor|her
vor|le|sen
er liest vor, er las vor,
er hat vor|ge|le|sen
Vor|mit|tag, der
die Vor|mit|ta|ge
vor|mit|tags
vorn
vor|sich|tig

W/w

wach
wach|sen
sie wächst,
sie wuchs,
sie ist ge|wach|sen
Waf|fel, die
die Waf|feln
Wa|gen, der
die Wa|gen
wahr
das ist nicht wahr
Wald, der
die Wäl|der
Wand, die
die Wän|de
wan|dern
sie wan|dert
wann
war → sein
sie war krank
warm
wär|mer,
am wärms|ten

58

Wä bis we

Wär|me, die
war|ten
  sie war|tet
wa|rum
was
wa|schen
  er wäscht, er wusch,
  er hat ge|wa|schen
Was|ser, das
  die Was|ser
We|cker, der
  die We|cker
weg
Weg, der
  die We|ge
weg|ge|hen
  → gehen
weich
  wei|cher,
  am weichs|ten
Weih|nach|ten
weil
wei|nen
  er weint
weiß
  das weiße T-Shirt

weiß → wissen
  ich weiß das
weit
wei|ter
wel|che
  wel|cher, wel|ches
Wel|le, die
  die Wel|len
Welt, die
  die Wel|ten
wem
wen
we|nig
  we|ni|ger,
  am we|nigs|ten
wenn
  wenn ich da bin
wer
wer|den
  es wird, es wur|de,
  es ist ge|wor|den
wer|fen
  er wirft, er warf,
  er hat ge|wor|fen
wet|ten
  sie wet|tet

A
B
C
D
E
F
G
H
I
J
K
L
M
N
O
P
Qu
R
S
T
U
V
W
X
Y
Z

We bis wü

Wet|ter, das
wie
wie|der
Wie|se, die
  die Wie|sen
wild
will → wollen
Wim|per, die
  die Wim|pern
Wind, der
  die Win|de
Win|ter, der
  die Win|ter
Wip|pe, die
  die Wip|pen
wip|pen
  er wippt
wir
wird → werden
wirk|lich
wis|sen
  sie weiß,
  sie wuss|te,
  sie hat ge|wusst

Witz, der
  die Wit|ze
wit|zig
wo
Wo|che, die
  die Wo|chen
wo|her
wo|hin
wohl
woh|nen
  er wohnt
Woh|nung, die
  die Woh|nun|gen
Wol|ke, die
  die Wol|ken
wol|kig
Wol|le, die
wol|len
  er will, er woll|te,
  er hat ge|wollt
Wort, das
  die Wör|ter
Wunsch, der
  die Wün|sche
wün|schen
  sie wünscht

Wu bis zei

Wurst, die
die Würs|te
Wur|zel, die
die Wur|zeln
Wut, die
wü|tend

X/x

Xy|lo|fon, das
die Xy|lo|fo|ne
auch: das Xy|lo|phon

Y/y

Yo-Yo, das
die Yo-Yos
auch: das Jo-Jo,
die Jo-Jos
Yp|si|lon, das

Z/z

Zahl, die
die Zah|len
zah|len
er zahlt
zäh|len
sie zählt
Zahn, der
die Zäh|ne
Zan|ge, die
die Zan|gen
zart
zärt|lich
zau|bern
er zau|bert
Zaun, der
die Zäu|ne
Zeh, der
auch: die Ze|he,
die Ze|hen
zehn
zeich|nen
er zeich|net
zei|gen
sie zeigt

Ze bis zw

Zeit, die
die Zei|ten
Zei|tung, die
die Zei|tun|gen
zer|rei|ßen
sie zer|reißt
Zet|tel, der
die Zet|tel
zie|hen
sie zieht, sie zog,
sie hat ge|zo|gen
Zim|mer, das
die Zim|mer
Zir|kus, der
die Zir|kus|se
Zoo, der
die Zoos
Zopf, der
die Zöp|fe
zu
Zu|cker, der
zu|erst
Zug, der
die Zü|ge
zu Hau|se
auch: zu|hau|se

zu|letzt
zum
sie geht zum
(zu dem) Bäcker
zu|ma|chen
Zun|ge, die
die Zun|gen
zu|pa|cken
zur
er geht zur
(zu der) Schule
zu|rück
zu|rück|ge|hen
zu|sam|men
zu viel
er hat zu viel gegessen
zwan|zig
zwei
Zweig, der
die Zwei|ge
Zwerg, der
die Zwer|ge
Zwie|bel, die
die Zwie|beln
zwi|schen
zwölf

62

Aal bis ab

A/a

Aal, der
  die Aa|le
ab
  ab morgen
  ab und zu
ab|bei|ßen
  sie beißt ab, biss ab,
  hat ab|ge|bis|sen
Abend/abends →
  der Abend,
  die Aben|de
  abends
Aben|teu|er, das
  die Aben|teu|er
  das Aben|teu|er|buch
aben|teu|er|lich
aber
ab|fah|ren
  der Zug fährt ab
Ab|fall, der
  die Ab|fäl|le
Ab|gas, das
  die Ab|ga|se
ab|ge|ben
  er gibt ab, gab ab,
  hat ab|ge|ge|ben

Ab|grund, der
ab|ho|len
  sie holt ab
ab|kür|zen
  die Ab|kür|zung
ab|mel|den
  er meldet sich ab
Ab|satz, der
  die Ab|sät|ze
ab|schi|cken
  er schickt den Brief ab

→ **Abend/abends**

Großschreibung
am Abend
eines Abends
heute Abend
jeden Abend
am Dienstagabend
es wird Abend
guten Abend

Kleinschreibung
abends
dienstagabends
morgens und abends

Ab bis Affe

Ab|schied, der
die Ab|schie|de
sich ver|ab|schie|den
ab|schnei|den →
schneiden
ab|schrei|ben
er schreibt ab,
schrieb ab,
hat ab|ge|schrie|ben
die Ab|schrift
Ab|sicht, die
die Ab|sich|ten
ab|sicht|lich
Ab|sturz, der
die Ab|stür|ze
ab|stür|zen
ab|trock|nen
er trock|net ab
ab|wärts
Ab|was|ser, das
die Ab|wäs|ser
ach
ach so!
Ach|se, die
die Ach|sen
Ach|sel, die
die Ach|seln

acht/Acht →
acht|zehn, acht|zig,
acht|hun|dert
acht
acht|ge|ben
gib acht!
sich in Acht nehmen
ach|ten
auf et|was ach|ten
die Ach|tung
Acker, der
die Äcker
Ader, die
die Adern
Ad|jek|tiv, das
(Eigenschaftswort,
Wiewort)
die Ad|jek|ti|ve
Ad|ler, der
die Ad|ler
Ad|res|se, die
(die Anschrift)
ad|res|sie|ren
Ad|vent
der Ad|vents|kranz
die Ad|vents|zeit
Af|fe, der
die Af|fen

Afri bis all

Af|ri|ka
af|ri|ka|nisch
die Af|ri|ka|ner
ah|nen
er ahnt es
ich habe keine Ahnung
ah|nungs|los
ähn|lich
ähn|li|cher,
am ähn|lichs|ten
Ahorn, der
die Ahor|ne
Äh|re, die
die Äh|ren
Ak|kor|de|on, das
die Ak|kor|de|ons
Ak|ku|sa|tiv, der
(Wenfall)
Alarm, der
al|bern
Al|ko|hol, der
All, das
das Welt|all
all, al|le, al|les
all die Kin|der
al|le bei|de
alles Gute

al|lein
allein sein, von allein
al|ler|dings
al|ler|lei
all|ge|mein
im All|ge|mei|nen
all|mäh|lich

➜ **acht/Acht**

Kleinschreibung
acht Jahre alt sein
acht mal zwei
es ist halb acht
achtens

Großschreibung
die Zahl Acht
eine Acht fahren
ein Achtel
er wurde Achter

Mit Zahl oder ausgeschrieben
achtjährig – 8-jährig
achtmal – 8-mal
am achten *oder*
8. Januar

A
B
C
D
E
F
G
H
I
J
K
L
M
N
O
P
Qu
R
S
T
U
V
W
X
Y
Z

All bis ange

A
B
C
D
E
F
G
H
I
J
K
L
M
N
O
P
Qu
R
S
T
U
V
W
X
Y
Z

All|tag, der
  all|täg|lich
Al|pha|bet, das
  die Al|pha|be|te
  al|pha|be|tisch
als
  er ist größer als ich
al|so
alt
  äl|ter, am äl|tes|ten
  das Al|ter
am
  am (an dem) Morgen
  am bes|ten
Amei|se, die
  die Amei|sen
Ame|ri|ka
  ame|ri|ka|nisch
  die Ame|ri|ka|ner
Am|pel, die
  die Am|peln
Am|sel, die
  die Am|seln
an
  die Heizung ist an
Ana|nas, die
  die Ana|nas
  auch: die Ana|nas|se

An|den|ken, das
  die An|den|ken
an|de|re
  der an|de|re
  alle an|de|ren
  an|de|re Kin|der
  je|mand an|de|res
än|dern
  das än|dert sich
  die Än|de|rung
an|ders
  das ist ganz anders
An|fang, der
  die An|fän|ge
  an|fan|gen
  sie fängt an, fing an,
  hat an|ge|fan|gen
an|fas|sen
  sie fasst an
an|ge|ben
  er gibt an, gab an,
  hat an|ge|ge|ben
  der An|ge|ber,
  die An|ge|be|rin
an|ge|nehm
  an|ge|neh|mer,
  am an|ge|nehms|ten

66

angr bis ans

an|grei|fen → greifen
Angst/angst →
  die Angst,
  die Ängs|te
  ängst|lich,
  ängst|li|cher,
  am ängst|lichs|ten
an|hal|ten
  er hält an, hielt an,
  hat an|ge|hal|ten
An|hän|ger, der
an|kli|cken
  sie klickt an,
  klick|te an,
  hat an|ge|klickt
an|kom|men
  sie kommt an, kam an,
  ist an|ge|kom|men
an|kün|di|gen
  er kündigt an
  die An|kün|di|gung
An|kunft, die
an|leh|nen
  er lehnt sich an
an|ma|chen
  sie macht das Licht an

an|mel|den
  er mel|det sich an
  die An|mel|dung
Ano|rak, der
  die Ano|raks
an|pro|bie|ren
  sie pro|biert an
an|re|den → reden
an|ru|fen
  er ruft an, rief an,
  hat an|ge|ru|fen
  der An|ruf
ans
  ans (an das) Fenster
  gehen

→ **Angst/angst**

Großschreibung
Angst haben
sie hat Angst
Angst machen
es macht mir Angst

Kleinschreibung
mir ist angst und bange

67

an bis arm

A
B
C
D
E
F
G
H
I
J
K
L
M
N
O
P
Qu
R
S
T
U
V
W
X
Y
Z

an|sa|gen
  er sagt an, die An|sa|ge
  der An|sa|ger,
  die An|sa|ge|rin
an|schau|en
  sie schaut an
an|se|hen
  er sieht an, sah an,
  hat an|ge|se|hen
An|sicht, die
an|statt
an|ste|cken
an|stel|len
  sie stellt sich an
an|stren|gen
  er strengt sich an
  das ist anstrengend
An|ten|ne, die
  die An|ten|nen
Ant|wort, die
  die Ant|wor|ten
  ant|wor|ten,
  sie ant|wor|tet
an|zie|hen
  er zieht sich an,
  zog sich an,
  hat sich an|ge|zo|gen
  der An|zug

an|zün|den
Ap|fel, der
  die Äp|fel
Ap|fel|si|ne, die
  die Ap|fel|si|nen
Apo|the|ke, die
  die Apo|the|ken
Ap|pe|tit, der
  ap|pe|tit|lich
Ap|ril, der
Aqua|ri|um, das
  die Aqua|ri|en
Ar|beit, die
  die Ar|bei|ten
  ar|bei|ten, sie ar|bei|tet
Ar|beiter, der
  die Ar|bei|ter,
  die Ar|bei|te|rin,
  die Ar|bei|te|rin|nen
Är|ger, der
  är|gern, är|ger|lich
  er ärgert sich über sie
arm
  är|mer, am ärms|ten
  die Ar|men
  ärm|lich

68

Arm bis auf

Arm, der
 die Ar|me
Är|mel, der
 die Är|mel
Ar|mut, die
Art, die
 die Ar|ten
ar|tig
 ar|ti|ger,
 am ar|tigs|ten
Ar|ti|kel, der
 die Ar|ti|kel (Begleiter)
Arzt, der
 die Ärz|te,
 die Ärz|tin,
 die Ärz|tin|nen
aß → essen
Asi|en
 asi|atisch
 die Asi|aten
Ast, der
 die Äs|te
As|tro|naut, der
 die As|tro|nau|ten,
 die As|tro|nau|tin
Atem, der
 at|men, at|me|te,
 sie hat ge|at|met

At|las, der
 die At|lan|ten,
 auch: die At|las|se
auch
auf
 auf ein|mal
auf|bau|en
 er baut auf
 der Auf|bau
auf|es|sen
 sie isst auf, aß auf,
 hat auf|ge|ges|sen
auf|fal|len
 sie fällt auf, fiel auf,
 ist auf|ge|fal|len
Auf|ga|be, die
 die Auf|ga|ben
auf|ge|ben
 er gibt auf, gab auf,
 hat auf|ge|ge|ben
auf|ge|regt
 er ist aufgeregt
auf|he|ben
 er hebt auf, hob auf,
 hat auf|ge|ho|ben
auf|hö|ren
 sie hört auf

A
B
C
D
E
F
G
H
I
J
K
L
M
N
O
P
Qu
R
S
T
U
V
W
X
Y
Z

auf bis Ausdr

A
B
C
D
E
F
G
H
I
J
K
L
M
N
O
P
Qu
R
S
T
U
V
W
X
Y
Z

auf|klä|ren
er klärt auf
die Auf|klä|rung
Auf|lauf, der
die Auf|läu|fe
auf|merk|sam
auf|merk|sa|mer,
am auf|merk|sams|ten
Auf|merk|sam|keit, die
auf|pas|sen
sie passt auf
auf|räu|men
er räumt auf
auf|re|gen
sie regt sich auf
auf|re|gend,
auf|re|gen|der,
am auf|re|gends|ten
Auf|re|gung, die
aufs
sich aufs (auf das)
Sofa setzen
Auf|satz, der
die Auf|sät|ze
Auf|sicht, die
auf|ste|hen
er steht auf, stand auf,
ist auf|ge|stan|den

Auf|trag, der
die Auf|trä|ge
auf|wa|chen
sie wacht auf
auf|wärts
auf|we|cken
er weckt auf
auf|ge|weckt
Au|ge, das
die Au|gen
Au|gen|blick, der
die Au|gen|bli|cke
Au|gen|braue, die
die Au|gen|brau|en
Au|gust, der
Au|la, die
die Au|len
auch: die Au|las
aus
Aus|bil|dung, die
aus|bil|den
aus|ge|bil|det
aus|brei|ten
es brei|tet sich aus
Aus|druck, der
die Aus|dru|cke
aus|dru|cken
er druckt den Text aus

70

aus bis Auto

aus|ein|an|der
  aus|ein|an|der|bre|chen
Aus|flug, der
  die Aus|flü|ge
aus|führ|lich
Aus|gang, der
  die Aus|gän|ge
  aus|ge|hen
Aus|kunft, die
  die Aus|künf|te
aus|la|chen
  sie lacht ihn aus
aus|lei|hen → leihen
Aus|nah|me, die
  die Aus|nah|men
  aus|nahms|wei|se
aus|pa|cken
  sie packt aus
Aus|re|de, die
  die Aus|re|den
aus|rei|ßen
  er reißt aus,
  riss aus,
  ist aus|ge|ris|sen
Aus|rei|ßer, der
  die Aus|rei|ßer
aus|ru|hen
  sie ruht sich aus

aus|rut|schen
  er rutscht aus
aus|schla|fen → schlafen
aus|schnei|den →
  schneiden
aus|se|hen → sehen
au|ßen
  von außen, nach außen
au|ßer
  außer ihm kommen alle
au|ßer|dem
au|ßer|halb
Aus|stel|lung, die
  die Aus|stel|lun|gen
  aus|stel|len
aus|tra|gen → tragen
Aus|weg, der
  die Aus|we|ge
Aus|weis, der
  die Aus|wei|se
aus|wen|dig
  etwas auswendig lernen
aus|zie|hen → ziehen
Au|to, das
  die Au|tos
  die Au|to|bahn
  die Au|to|fah|rer

A
B
C
D
E
F
G
H
I
J
K
L
M
N
O
P
Qu
R
S
T
U
V
W
X
Y
Z

Au bis Bahn

Au|to|mat, der
die Au|to|ma|ten
au|to|ma|tisch
Au|tor, der
die Au|to|ren,
die Au|to|rin
Axt, die
die Äx|te

B/b

Ba|by, das
die Ba|bys
Bach, der
die Bä|che
Ba|cke, die
die Ba|cken
ba|cken
er bäckt *oder:* backt,
back|te,
hat ge|ba|cken
der Bä|cker,
die Bä|cke|rin
die Bä|cke|rei
Bad, das
die Bä|der
ba|den
sie ba|det
die Ba|de|wan|ne
Bag|ger, der
die Bag|ger
bag|gern, er bag|gert
Bahn, die
die Bah|nen
der Bahn|hof
der Bahn|steig

Bak bis Bauch

Bak|te|rie, die
 die Bak|te|ri|en
 (Krankheitserreger)
bald
 sie kommt bald
Bal|ken, der
 die Bal|ken
Bal|kon, der
 die Bal|kons
 auch: die Bal|ko|ne
Ball, der
 die Bäl|le
Bal|lett, das
 die Bal|let|te
Bal|lon, der
 die Bal|lons
 auch: die Bal|lo|ne
Ba|na|ne, die
 die Ba|na|nen
band → binden
Band, das
 die Bän|der
Band, der
 die Bän|de (Bücher)
Band, die
 die Bands
 (Musikgruppen)

bang(e)
 ban|ge sein
 mir ist bange
 Bangemachen gilt nicht
Bank, die
 die Bän|ke
 alle Bänke sind besetzt
Bank, die
 die Ban|ken
 sie holt ihr Geld von
 der Bank
Bär, der
 die Bä|ren
bar|fuß
 bar|fuß ge|hen
Bart, der
 die Bär|te
bas|teln
 er bas|telt
 die Bas|te|lei
bat → bitten
Bat|te|rie, die
 die Bat|te|ri|en
Bauch, der
 die Bäu|che
 der Bauch|na|bel
 das Bauch|weh

bauen bis behau

bau|en
sie baut
der Bau,
die Bau|ten
die Bau|stel|le
Bau|er, der
die Bau|ern,
die Bäu|erin
der Bau|ern|hof
Baum, der
die Bäu|me
Bea|mer, der
die Bea|mer
bea|men, er beamt
Becher, der
die Be|cher
Be|cken, das
die Be|cken
be|dan|ken
er bedankt sich
be|deu|ten
es be|deu|tet
die Be|deu|tung
be|ei|len
er beeilt sich
Be|er|di|gung, die
die Be|er|di|gun|gen
be|er|di|gen

Bee|re, die
die Bee|ren
Beet, das
die Bee|te
be|feh|len
sie be|fiehlt,
sie be|fahl,
sie hat be|foh|len
be|fin|den
das Be|fin|den
be|frei|en
be|gabt
die Be|ga|bung
be|geg|nen
er be|geg|net
die Be|geg|nung
be|gin|nen
sie be|ginnt, be|gann,
hat be|gon|nen
be|grü|ßen
be|hal|ten
du be|hältst,
er be|hält, be|hielt,
hat be|hal|ten
be|han|deln
be|haup|ten
er be|haup|tet
die Be|haup|tung

74

behin bis ben

be|hin|dern
be|hin|dert
die Be|hin|der|ten
bei
bei|de
beide Arme
wir beide
die beiden
beim
beim (bei dem) Laufen
Bein, das
die Bei|ne
bei|na|he
Bei|spiel, das
die Bei|spie|le
zum Bei|spiel
bei|ßen
sie beißt, biss,
hat ge|bis|sen
be|kannt
be|kannt sein
die Be|kann|ten
be|kom|men
er be|kommt, be|kam,
hat be|kom|men
be|lei|di|gen
sie ist be|lei|digt
die Be|lei|di|gung

be|leuch|ten
die Straße ist
beleuchtet
die Be|leuch|tung
be|liebt
be|lieb|ter,
am be|lieb|tes|ten
bel|len
er bellt, bell|te,
hat ge|bellt
das Ge|bell
be|loh|nen
sie wur|de be|lohnt
die Be|loh|nung
be|lü|gen
sie be|lügt, be|log,
sie hat ihn belogen
be|mer|ken
er be|merkt mich
die Be|mer|kung
be|mü|hen
sie be|müht sich
be|neh|men
er be|nimmt sich,
be|nahm sich,
hat sich be|nom|men
das Be|neh|men

75

ben bis besch

be|nö|ti|gen
sie be|nö|tigt et|was
be|nut|zen
er be|nutzt
auch: be|nützt
Ben|zin, das
be|ob|ach|ten
er be|ob|ach|tet
die Be|ob|ach|tung
be|quem
be|que|mer,
am be|quems|ten
die Be|quem|lich|keit
be|reit
be|reit sein
ich bin bereit
be|rei|ten
etwas vor|be|rei|ten,
zu|be|rei|ten
be|reits
sie ist bereits (schon) da
Berg, der
die Ber|ge
ber|gig
Be|richt, der
die Be|rich|te
be|rich|ten,
sie be|rich|tet

be|rich|ti|gen
er be|rich|tigt
die Be|rich|ti|gung
Be|ruf, der
die Be|ru|fe
be|rufs|tä|tig
be|rühmt
be|rühm|ter,
am be|rühm|tes|ten
be|schaf|fen
be|schäf|ti|gen
sie be|schäf|tigt sich
die Be|schäf|ti|gung
Be|scheid, der
die Be|schei|de
Bescheid sagen
Bescheid wissen
be|schei|den
die Be|schei|den|heit
be|schrei|ben
sie be|schreibt,
be|schrieb,
hat be|schrie|ben
die Be|schrei|bung
be|schüt|zen
sie be|schützt ihn
be|schwe|ren
er be|schwert sich

76

Besen bis bet

Be|sen, der
  die Be|sen
be|set|zen
  es ist besetzt
be|sich|ti|gen
  er be|sich|tigt
  die Be|sich|ti|gung
be|sit|zen → sitzen
  sie be|sitzt
  der Be|sitz
be|son|ders
bes|ser → gut
beste/Beste →
be|ste|hen
  er be|steht, be|stand,
  hat be|stan|den
be|stim|men
  sie be|stimmt
  die Be|stim|mung
be|stimmt
  sie kommen bestimmt
Be|such, der
  die Be|su|che
  die Be|su|cher und
  Be|su|che|rin|nen
  be|su|chen, er be|sucht
be|ten
  sie be|tet, das Ge|bet

be|trach|ten
  sie be|trach|tet
Be|trag, der
  die Be|trä|ge
  be|tra|gen
  die Summe beträgt
Be|trieb, der
  die Be|trie|be
Bett, das
  die Bet|ten
  das Bett|tuch
bet|teln
  sie bet|telt
  der Bett|ler

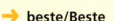

→ **beste/Beste**

Kleinschreibung
die beste Schülerin
es ist am besten
bestens

Großschreibung
die Beste der Klasse
es ist das Beste
der erste Beste

beug bis Bier

beu|gen
er beugt sich vor
ge|beugt
Beu|le, die
die Beu|len
ver|beu|len
Beu|te, die
be|vor
kurz bevor sie kommt
be|vor|ste|hen
be|wäs|sern
die Wiese wird
bewässert
die Be|wäs|se|rung
be|we|gen
er be|wegt sich
sie ist be|weg|lich
die Be|weg|lich|keit
die Be|we|gung
be|wei|sen
sie be|weist, be|wies,
hat be|wie|sen
Be|weis, der
die Be|wei|se
be|wölkt
es be|wölkt sich
die Be|wöl|kung

be|wusst
sich et|was
be|wusst ma|chen
das Be|wusst|sein
be|zah|len
er be|zahlt
die Be|zah|lung
be|zwin|gen
er be|zwingt ihn,
be|zwang ihn,
er hat ihn be|zwun|gen
bib|bern
sie bibbert (zittert)
vor Kälte
Bi|bel, die
die Bi|beln
bib|li|sche Ge|schich|ten
Bi|blio|thek, die
die Bi|blio|the|ken
(die Büchereien)
bie|gen
er biegt, bog,
hat ge|bo|gen
Bie|ne, die
die Bie|nen
Bier, das
die Bie|re

Biest bis *bitter*

Biest, das
bie|ten
  er bie|tet, bot,
  hat ge|bo|ten
  sie bietet ihm die Hand
Bike, das
  die Bikes
Bild, das
  die Bil|der
  das Bil|der|buch
  der Bild|schirm

bil|den
  sie bil|det sich
bil|lig
  bil|li|ger, am bil|ligs|ten
bin → sein
  ich bin hier
bin|den
  sie bin|det, band,
  hat ge|bun|den
  die Bin|dung
Bin|go, das
Bio|ton|ne, die
  die Bio|ton|nen
Bio|top, das
  die Bio|to|pe

Bir|ke, die
  die Bir|ken
Bir|ne, die
  die Bir|nen
bis
  bis morgen, *bis jetzt*
  bis|her
Biss, der
  die Bis|se, der Bis|sen
biss → beißen
biss|chen
  ein bisschen (etwas) Spaß
bis|sig
  bis|si|ger, am bis|sigs|ten
bist → sein
  du bist mein Freund
Bit, das
  die Bits
Bit|te, die
  die Bit|ten
bit|ten
  er bit|tet, bat,
  hat ge|be|ten
  bitte sehr!
bit|ter
  bit|ter|bö|se
  bit|ter|kalt, bit|ter|lich

bla bis Blog

bla|mie|ren
  er bla|miert sich
blank
  blan|ker
  blank polieren
Bla|se, die
  die Bla|sen
bla|sen
  sie bläst, blies,
  hat ge|bla|sen
blass
  blas|ser/bläs|ser,
  am blas|ses|ten/
  am bläs|ses|ten
  sie wird blass
Blatt, das
  die Blät|ter
  blät|tern
blau/Blau →
  mei|ne blaue Blu|se
  bläu|lich
Blech, das
  die Ble|che
blei|ben
  er bleibt, blieb,
  ist ge|blie|ben
bleich
  er wird bleich (blass)

Blei|stift, der
  die Blei|stif|te
Blick, der
  die Bli|cke
  bli|cken, sie blickt
blieb → bleiben
blies → blasen
blind
  der Blin|de, die Blin|de,
  die Blin|den
  die Blin|den|schrift
Blind|darm, der
blin|ken
  es blinkt
  der Blin|ker
blin|zeln
Blitz, der
  die Blit|ze
  blit|zen, es blitzt
  blitz|schnell
Block, der
  die Blö|cke
  auch: die Blocks
blöd(e)
  der Blöd|sinn
Blog, das *oder* der
  blog|gen, sie bloggt,
  die Blog|ger

80

blö bis Bohne

blö|ken
das Schaf blökt
blond
sie hat blond gelocktes
auch:
blondgelocktes Haar
bloß
das war bloß (nur) ein
Scherz
sie geht mit bloßen
(nackten) Füßen
Blue|jeans, die
blü|hen
sie blüht
Blu|me, die
die Blu|men
Blu|se, die
die Blu|sen
Blut, das
blu|ten, es blu|tet
Blü|te, die
die Blü|ten
BMX-Rad, das
(kurz für: bicycle
moto-cross)
bo|ckig
bo|cki|ger,
am bo|ckigs|ten

Bo|den, der
die Bö|den
bog → biegen
Bo|gen, der
die Bo|gen
auch: die Bö|gen
Boh|ne, die
die Boh|nen

➔ **blau/Blau**

Kleinschreibung
mein Pulli ist blau
mein blauer Pulli
blau gestreift,
auch: blaugestreift
dunkelblau, hellblau,
blaugrün, himmelblau
etwas blau anmalen

Großschreibung
die Farbe Blau
das Blau des Himmels
ein tiefes Blau

boh bis Braut

boh|ren
er bohrt
der Boh|rer
Boi|ler, der
die Boi|ler
Bom|be, die
die Bom|ben
Bon|bon, der *oder* das
die Bon|bons
Boot, das
die Boo|te
Bord, das
die Bor|de
das Bü|cher|bord
bor|gen
sie borgte sich etwas
bö|se
bö|se sein
et|was Bö|ses
die Bos|heit
Box, die
die Bo|xen
das Pferd steht in seiner Box
bo|xen
er boxt
der Bo|xer, die Bo|xer
brach → brechen

brach|te → bringen
Brand, der
die Brän|de
brann|te → brennen
bra|ten
du brätst,
sie brät, briet,
hat ge|bra|ten
der Bra|ten
die Brat|wurst
Brauch, der
die Bräu|che
brau|chen
du brauchst,
er braucht,
hat ge|braucht
brauch|bar
braun/Braun →
mein brau|ner Pul|li
bräun|lich
Brau|se, die
die Brau|sen
brau|sen
es braust
Braut, die
die Bräu|te,
der Bräu|ti|gam
das Braut|paar

brav bis bring

brav
 bra|ver,
 am bravs|ten
bre|chen
 es bricht, brach,
 ist ge|bro|chen
 der Bruch
Brei, der
 die Breie, brei|ig
breit
 brei|ter,
 am brei|tes|ten
 die Brei|te
Brem|se, die
 die Brem|sen
 brem|sen
 das Auto bremst
bren|nen
 es brennt, brann|te,
 hat ge|brannt
 die Brenn|nes|sel
 der CD-Bren|ner
Brett, das
 die Bret|ter
Bre|zel, die
 die Bre|zeln
 auch: die Bre|zen

Brief, der
 die Brie|fe
 der Brief|kas|ten
 die Brief|mar|ke
 der Brief|trä|ger,
 die Brief|trä|ge|rin
Bril|le, die
 die Bril|len
brin|gen
 sie bringt, brach|te,
 hat ge|bracht

➜ **braun/Braun**

Kleinschreibung
meine Jacke ist braun
meine braune Jacke
braun gestreift,
auch: braungestreift
dunkelbraun, hellbraun,
braunrot
etwas braun anmalen

Großschreibung
die Farbe Braun
das Braun der Kastanie
ein helles Braun

Bro bis büff

Bro|cken, der
die Bro|cken
das ist ein dicker
Brocken (sehr schwierig)
Brok|ko|li, der
Brom|bee|re, die
die Brom|bee|ren
Bron|ze, die
die Bron|ze|me|dail|le
die Bron|ze|zeit
Bro|sche, die
die Bro|schen
Brot, das
die Bro|te
das Bröt|chen
Brow|ser, der
die Brow|ser
brow|sen
Bruch, der
die Brü|che
Brü|cke, die
die Brü|cken
Bru|der, der
die Brü|der
sie teilen brüderlich
brül|len
er brüllt, das Ge|brüll

brum|men
es brummt
der Brum|mer
brum|mig
Brun|nen, der
die Brun|nen
Brust, die
die Brüs|te
brü|ten
die Vögel brüten
Bub, der
die Bu|ben (Jungen)
Buch, das
die Bü|cher
die Bü|che|rei
Bu|che, die
die Bu|chen
Büch|se, die
die Büch|sen
Buch|sta|be, der
die Buch|sta|ben
buch|sta|bie|ren
bü|cken
sie bückt sich
Bu|de, die
die Bu|den
büf|feln
sie büf|felt

büg bis Byte

bü|geln
  er bü|gelt
Büh|ne, die
  die Büh|nen
Bul|le, der
  die Bul|len
Bu|me|rang, der
  die Bu|me|rangs
  auch: die Bu|me|ran|ge
bum|meln
  sie bum|melt
  der Bum|mel
Bun|des|land, das
  die Bun|des|län|der
Bun|des|tag, der
Bun|ga|low, der
  die Bun|ga|lows
bunt
  der Bunt|stift
Burg, die
  die Bur|gen
Bür|ger, der
  die Bür|ger,
  die Bür|ge|rin
  der Bür|ger|steig
Bü|ro, das
  die Bü|ros

Bürs|te, die
  die Bürs|ten
  bürs|ten, bürs|tet
Bus, der
  die Bus|se
  die Bus|hal|te|stel|le
Busch, der
  die Bü|sche
bü|ßen
  er büßt
But|ter, die
  die But|ter|milch
But|ton, der
  die But|tons
Byte, das
  die Bytes,
  auch: die Byte (Einheit
  von 8 Bits)
  Ki|lo|byte (*kurz:* KB)

Cam bis clever

C/c

Cam|ping, das
cam|pen, er campt
der Cam|ping|wagen
CD, die
(*kurz für:* compact disc)
die CD-ROM, die CD-ROMs
der CD-Spie|ler
der CD-Brenner
Cel|lo, das
die Cel|los
auch: die Cel|li
Cel|si|us
5° Celsius
Cent, der
die Cents
Chan|ce, die
die Chan|cen
(Möglichkeiten)
Cha|os, das
(Durcheinander)
die Cha|oten
Cha|rak|ter, der
die Cha|rak|te|re
sie hat einen guten Charakter

chat|ten
sie chat|tet
der Chat|room
che|cken
er hat das nicht gecheckt (begriffen)
Chef, der
die Chefs,
die Che|fin
Che|mie, die
che|misch
Chi|na
chi|ne|sisch
die Chi|ne|sen
Chip, der
die Chips
Chor, der
die Chö|re
Christ, der
die Chris|ten,
die Chris|tin
der Christ|baum
christ|lich, Chris|tus
Cir|cus, der
auch: der Zirkus
cle|ver
ein cleveres (kluges) Mädchen

Clown, der
  die Clowns,
  die Clow|nin
Co|mic, der
  die Co|mics
Com|pu|ter, der
  die Com|pu|ter
Con|tai|ner, der
  die Con|tai|ner
cool
  ein cooler (überlegener, ruhiger) Typ
Corn|flakes, die
Couch, die
  die Cou|ches
Cou|sin, der
  die Cou|sins
Cou|si|ne, die
  die Cou|si|nen
  auch: die Ku|si|ne
Cow|boy, der
  die Cow|boys
Creme, die → Krem
  die Cremes
Cur|ry|wurst, die
  die Cur|ry|würs|te
Cur|sor, der
  die Cur|sors (EDV-Bildschirmanzeiger)

Clown bis Dame

D/d

da
  da sein
da|bei
  da|bei sein
  da|bei blei|ben
da|blei|ben
  sie bleibt da
Dach, das
  die Dä|cher
dach|te → denken
Da|ckel, der
  die Da|ckel
da|durch
da|für
  er kann nichts dafür
da|ge|gen
da|heim
  da|heim|blei|ben
da|her
da|hin
da|hin|ten
da|hin|ter
da|mals
Da|me, die
  das Da|me|spiel

87

damit bis Decke

da|mit
däm|lich
Damm, der
  die Däm|me
Dampf, der
  die Dämp|fe
  damp|fen, es dampft
Damp|fer, der
da|nach
da|ne|ben
Dä|ne|mark
  dä|nisch, die Dä|nen
Dank, der
  Dan|ke sa|gen
  vielen Dank
  dan|ken, sie dankt
  danke, *danke schön*
  dank|bar
dann
da|ran
da|rauf
da|raus
darf → dürfen
da|rin
Darm, der
  die Där|me
da|rü|ber
da|rum

da|run|ter
das →
  das Kind
dass →
das|sel|be
  sie hat dasselbe gesagt
Da|tei, die
  die Da|tei|en
Da|ten|netz, das
Da|tiv, der
  (Wemfall)
Da|tum, das
  die Da|ten
dau|ern
  es dau|ert
  die Dau|er
Dau|men, der
  die Dau|men
da|von
  da|von hö|ren
  sie wollen davonlaufen
  (weglaufen)
da|vor
da|zu
da|zwi|schen
De|cke, die
  die De|cken
  de|cken, sie deckt

De|ckel, der
die De|ckel
deh|nen
er dehnt sich
die Deh|nung
dein
dei|ne, dei|nem, dei|nen,
dei|ner, dei|nes
Del|fin, der
die Del|fi|ne
auch: der Del|phin,
die Del|phi|ne
dem
in dem Haus
dem|nächst
den
durch den Tunnel
de|nen
den|ken
sie denkt, dach|te,
hat ge|dacht
das Den|ken
denk|bar
denn
*sie fehlt, denn sie ist
krank*
der
der Mann

des
die Kappe des Jungen
des|halb
Desk|top, der
die Desk|tops
des|sen
des|to
desto besser!
des|we|gen
De|tek|tiv, der
die De|tek|ti|ve,
die De|tek|ti|vin

→ **das/dass**

das (Artikel, Fürwort)
das Buch (dieses Buch)
das Buch, das (welches)
dort liegt
ich glaube das (dies)
nicht

dass (Bindewort)
ich glaube, dass ich ein
Buch bekomme
ich hoffe,
dass du kommst

deut bis Diktat

deut|lich
 deut|li|cher,
 am deut|lichs|ten
deutsch/Deutsch →
De|zem|ber, der
Dia|log, der
 (Zwiegespräch)
 die Dia|lo|ge
dich
 ich sehe dich
dicht
 dich|ter,
 am dich|tes|ten
dich|ten
 der Dich|ter,
 die Dich|te|rin
dick
 di|cker,
 am dicks|ten
die
 die Frau
Dieb, der
 die Die|be,
 die Die|bin
Dieb|stahl, der
 die Dieb|stäh|le

Die|le, die
 die Die|len
Dienstag/dienstags →
 der Diens|tag,
 die Diens|ta|ge
 diens|tags
dies
 die|se, die|sem, die|sen,
 die|ser, die|ses
 die|ses Jahr
 die|ses Mal, dies|mal
Dik|tat, das
 die Dik|ta|te
 dik|tie|ren, dik|tiert

→ **deutsch/Deutsch**

Kleinschreibung
die deutsche Sprache
er spricht deutsch

Großschreibung
ein Deutscher
etwas auf Deutsch
sagen
sie spricht gutes
Deutsch

Ding bis Don

Ding, das
die Din|ge
Di|no|sau|ri|er, der
die Di|no|sau|ri|er
dir
ich helfe dir
Dis|ket|te, die
die Dis|ket|ten
das Dis|ket|ten|lauf|werk
Dis|ko|thek, die
die Dis|ko|the|ken
kurz: Dis|ko,
auch: Dis|co
Dis|kus|si|on, die
(Meinungsaustausch)
dis|ku|tie|ren
sie diskutiert mit
Dis|play, das
die Dis|plays
Dis|tel, die
die Dis|teln
doch
Docht, der
die Doch|te
Dok|tor, der
die Dok|to|ren,
die Dok|to|rin

Dom, der
die Do|me
Domp|teur, der
die Domp|teu|re,
die Domp|teu|rin
(Tierbändiger)
Dö|ner, der
(*kurz für:* Dönerkebab)
Don|ner, der
die Don|ner
don|nern, es don|nert

→ **Dienstag/dienstags**

Großschreibung
der Dienstag
am Dienstag
jeden Dienstag
am Dienstagabend

Kleinschreibung
dienstags
dienstagabends

Donn bis dran

Donnerstag/
donnerstags →
  der Don|ners|tag,
  die Don|ners|ta|ge
  don|ners|tags
doof
  die Doof|heit
Dop|pel|punkt, der
  die Dop|pel|punk|te
dop|pelt
  dop|pelt so schnell
  das Dop|pel|te
  der Dop|pel|klick
  dop|pel|kli|cken
Dorf, das
  die Dör|fer
Dorn, der
  die Dor|nen
  dor|nig
  Dorn|rös|chen
  (Märchenfigur)
  dort
  dort|her, dort|hin
Do|se, die
  die Do|sen
Down|load, der
  down|loa|den,
  (herunterladen)
  down|ge|loa|det

Dra|che, der
  die Dra|chen
  ein böser Drache
Dra|chen, der
  die Dra|chen
  den Drachen steigen
  lassen
Draht, der
  die Dräh|te
dran
  dran sein
  sie wollte gern
  drankommen

→ **Donnerstag/**
  donnerstags

Großschreibung
der Donnerstag
am Donnerstag
jeden Donnerstag
am Donnerstagabend

Kleinschreibung
donnerstags
donnerstagabends

92

dräng bis drohen

drän|geln
vor|drän|geln
sie drängelt sich vor
die Drän|ge|lei
drauf (darauf)
drauf|set|zen
drau|ßen
drau|ßen blei|ben
Dreck, der
dre|ckig, dre|cki|ger,
am dre|ckigs|ten
dre|hen
er dreht, die Dre|hung
drei/Drei ➡
drei|eckig
drei|ßig, drei|zehn,
drei|hun|dert
dre|schen
er drischt, drosch,
hat ge|dro|schen
dres|sie|ren
drin (darin)
drin|nen
drin|gend
drin|gen|der,
am drin|gends|ten
dritte/Dritte ➡
Dro|ge, die
die Dro|gen

dro|hen
sie droht ihm
die Dro|hung

➡ **drei/Drei/
dritte/Dritte**

Kleinschreibung
drei Jahre alt sein
drei mal zwei
es ist halb drei
das dritte Haus
drittens

Großschreibung
die Zahl Drei
eine Drei schreiben
eine Drei im Zeugnis
ein Drittel
er wurde Dritter

**Mit Zahl oder
ausgeschrieben**
dreijährig – 3-jährig
dreimal – 3-mal
am dritten
oder 3. Januar

dröh bis Durch

dröh|nen
  mir dröhnt der Kopf
drol|lig
  drol|li|ger,
  am drol|ligs|ten
Drops, der
  auch: das Drops
  die Drops
drü|ben
drü|ber (darüber)
  drü|ber|fah|ren
dru|cken
  sie druckt
  der Dru|cker
drü|cken
  der Schuh drückt
drü|ckend
  es war sehr drückend
  (heiß)
drum (da|rum)
drun|ter (da|run|ter)
Dschun|gel, der
  die Dschun|gel
du
  du kommst doch?
ducken
  er duckt sich weg

Duft, der
  die Düf|te
  duf|ten, es duf|tet
dumm
  düm|mer,
  am dümms|ten
  die Dumm|heit
Dü|ne, die
  die Dü|nen
Dün|ger, der
  dün|gen, er düngt
dun|kel
  dunk|ler,
  am dun|kels|ten
  dun|kel|blau
  die Dun|kel|heit
dünn
  dün|ner,
  am dünns|ten
Dunst, der
  die Düns|te
  duns|tig
durch
durch|dre|hen
durch|ein|an|der
Durch|fall, der
durch|le|sen
durch|schnei|den

durch bis Ehe

durch|set|zen
sie setzt sich durch
durch|sich|tig
durch|strei|chen
dür|fen
sie darf, durf|te,
hat ge|durft
dürr
dür|rer, am dürrs|ten
Durst, der
durs|tig
durs|ti|ger,
am durs|tigs|ten
Du|sche, die
du|schen
du duschst, sie duscht
düs|ter
auch: dus|ter
es war düster (finster)
Dut|zend, das
dut|zend|fach
dut|zend|mal
Dy|na|mo, der
die Dy|na|mos
DVD
(*kurz für:* digital
versatile disc)
der DVD-Player

E/e

eben
ebe|nes Land
die Ebe|ne
eben
eben|falls
eben|so
eben|so schnell
Echo, das
die Echos
echt
ech|ter,
am ech|tes|ten
Ecke, die
die Ecken
eckig
egal
das ist ganz egal
ehe
eher,
am ehes|ten
noch ehe sie kam
Ehe, die
die Ehen
das Ehe|paar

ehrlich bis eing

ehr|lich
ehr|li|cher,
am ehr|lichs|ten
die Ehr|lich|keit
Ei, das
die Ei|er
Ei|che, die
die Ei|chen
Ei|chel, die
die Ei|cheln
Eich|hörn|chen, das
die Eich|hörn|chen
Ei|dech|se, die
die Ei|dech|sen
eif|rig
eif|ri|ger,
am eif|rigs|ten
ei|gen
ei|gent|lich
Ei|gen|tum, das
Ei|le, die
ei|len
sie eilt davon
ei|lig
ei|li|ger, am ei|ligs|ten
Ei|mer, der
die Ei|mer

ein
ei|ne, ei|nem, ei|nen,
ei|ner, ei|nes
ein|an|der
sie mögen einander
Ein|bahn|stra|ße, die
die Ein|bahn|stra|ßen
ein|bre|chen → brechen
bei uns wurde
eingebrochen
ein|fach
ein|fa|cher,
am ein|fachs|ten
ein|fal|len
es fällt mir ein,
fiel mir ein,
ist mir ein|ge|fal|len
der Ein|fall
ein|fü|gen
Ein|gang, der
die Ein|gän|ge
ein|ge|ben
sie gibt ein, gab ein,
hat ein|ge|ge|ben
ein|ge|schnappt
sie ist eingeschnappt
(beleidigt)

96

ein bis einsam

ein/eins/Eins →

ei|nig
sie sind sich einig
die Ei|ni|gung

ei|ni|ge
ei|ni|ge Ma|le

ein|kau|fen
er kauft ein
der Ein|kauf,
die Ein|käu|fe

ein|la|den
du lädst ein,
er lädt ein, lud ein,
hat ein|ge|la|den

Ein|la|dung, die
die Ein|la|dun|gen

ein|log|gen
er loggt sich ein

ein|mal
auf ein|mal,
noch ein|mal
es war einmal
ein|ma|lig

Ein|mal|eins, das

ein|pa|cken
sie packt ein

einprägen
sich etwas einprägen
(gut merken)

Ein|rich|tung, die
die Ein|rich|tun|gen
sich ein|rich|ten

ein|sam
ein|sa|mer,
am ein|sams|ten
die Ein|sam|keit

→ **ein/eins/Eins**

Kleinschreibung
ein Jahr alt sein
ein mal eins
es ist halb eins

Großschreibung
die Zahl Eins
eine Eins schreiben
eine Eins im Zeugnis
lauter Einsen

**Mit Zahl oder
ausgeschrieben**
einjährig – 1-jahrig
einmal – 1-mal

ein bis Elfe

ein|schla|fen
er schläft ein,
schlief ein,
ist ein|ge|schla|fen
ein|sper|ren
ein|tre|ten
sie tritt ein, trat ein,
ist ein|ge|tre|ten
der Ein|tritt
ein|ver|stan|den
Ein|weg|fla|sche, die
die Ein|weg|fla|schen
ein|wer|fen
sie wirft ein, warf ein,
hat ein|ge|wor|fen
Ein|zahl, die
ein|zeln
ein ein|zel|ner Baum
je|der Ein|zel|ne
ein|zie|hen
er zieht ein, zog ein,
ist ein|ge|zo|gen
ein|zig
ein einziger Mensch
*sie war die Einzige von
allen*

Eis, das
ei|sig, ei|si|ger,
am ei|sigs|ten
eis|kalt, ei|sig kalt
Ei|sen, das
Ei|sen|bahn, die
die Ei|sen|bah|nen
ek|lig
auch: eke|lig
ekel|haft
der Ekel
Ele|fant, der
die Ele|fan|ten
ele|gant
Elek|tri|ker, der
die Elek|tri|ker
die Elek|tri|ke|rin
elek|trisch
Elek|tro|nik, die
elek|tro|nisch
Ele|ment, das
die Ele|men|te
elf/Elf →
Elf|chen, das
die Elf|chen
El|fe, die
die El|fen

Ell bis Ener

El|len|bo|gen, der
  die El|len|bo|gen
  auch: der Ell|bo|gen
Els|ter, die
  die Els|tern
El|tern, die
E-Mail, die
  die E-Mails (*kurz für:*
  elektronische Post)
emp|fan|gen
  sie emp|fängt, emp|fing,
  hat emp|fan|gen
  der Emp|fang
emp|feh|len
  du emp|fiehlst,
  sie emp|fiehlt,
  emp|fahl,
  hat emp|foh|len
  die Emp|feh|lung
emp|fin|den
  er emp|fin|det,
  emp|fand,
  hat emp|fun|den
  emp|find|lich
En|de, das
  am En|de
  zu En|de sein
  die En|dung

end|lich
end|gül|tig
Ener|gie, die
  die Ener|gien

➜ **elf/Elf**

Kleinschreibung
elf Jahre alt sein
elf mal zwei
es ist halb elf
elftens

Großschreibung
die Zahl Elf
die Elf der
Schulmannschaft
der Elfmeter
er wurde Elfter

**Mit Zahl oder
ausgeschrieben**
elfjährig – 11-jährig
elfmal – 11-mal
am elften *oder*
11. Januar

eng bis er

eng
  en|ger, am engs|ten
  die En|ge
En|gel, der
  die En|gel
En|kel, der
  die En|ke|lin
ent|de|cken
  sie ent|deckt
  die Ent|de|ckung
En|te, die
  die En|ten
ent|fer|nen
  er ent|fernt sich
  die Ent|fer|nung
ent|ge|gen
  ent|ge|gen|kom|men
ent|hal|ten
  es ent|hält, ent|hielt,
  hat ent|hal|ten
ent|lang
  ent|lang|ge|hen
ent|schei|den
  sie ent|schei|det,
  ent|schied, hat sich
  ent|schie|den

ent|schul|di|gen
  sie entschuldigt sich
  die Ent|schul|di|gung
ent|setz|lich
  ent|setz|li|cher,
  am ent|setz|lichs|ten
ent|sor|gen
  den Müll entsorgen
ent|ste|hen
  es ent|steht,
  ent|stand,
  ist ent|stan|den
ent|täu|schen
  sie hat ihn enttäuscht
  er ist enttäuscht
ent|we|der
  entweder ich oder du
ent|wi|ckeln
  es ent|wi|ckelt sich
  die Ent|wick|lung
ent|wi|schen
  er ist mir entwischt
  (entkommen)
ent|zwei
  ent|zwei sein
  ent|zwei|bre|chen
er
  er ist ein Junge

100

Erbse bis **erk**

Erb|se, die
  die Erb|sen
Erd|bee|re, die
Er|de, die
Erd|nuss, die
  die Erd|nüs|se
er|eig|nen
  es ereignet sich etwas
Er|eig|nis, das
  die Er|eig|nis|se
er|fah|ren
  sie er|fährt,
  sie er|fuhr,
  hat er|fah|ren
Er|fah|rung, die
  die Er|fah|run|gen
er|fin|den
  sie er|fin|det, er|fand,
  hat er|fun|den
Er|fin|dung, die
Er|folg, der
  die Er|fol|ge
  er|folg|reich
er|for|schen
er|frie|ren → frieren
er|fri|schen
  *sie erfrischt sich
  im Wasser*

er|gän|zen
  er|gänzt
  die Er|gän|zung
Er|geb|nis, das
  die Er|geb|nis|se
er|hal|ten
  sie er|hält, er|hielt,
  hat er|hal|ten
er|ho|len
  *sie erholt sich
  in den Ferien*
  die Er|ho|lung
er|in|nern
  sie erinnert sich an ihn
  die Er|in|ne|rung
er|käl|ten
  sie erkältet sich
  die Er|käl|tung
er|ken|nen
  sie er|kennt, er|kann|te,
  hat er|kannt
er|klä|ren
  sie erklärt ihm alles
er|kun|di|gen
  *sie erkundigt sich nach
  ihm*

erl bis Erz

er|lau|ben
sie er|laubt es
die Er|laub|nis
er|le|ben
sie erlebt etwas
das Er|leb|nis
er|le|di|gen
sie erledigt es
die Er|le|di|gung
er|mah|nen
sie ermahnt ihn
die Er|mah|nung
er|näh|ren
sie ernährt sich gesund
die Er|näh|rung
ernst
erns|ter,
am erns|tes|ten
ernst sein
es ernst meinen
im Ernst
ern|ten
sie ern|tet, die Ern|te
das Ern|te|dank|fest
er|schöpft
sie ist erschöpft (müde)

er|schre|cken
ich erschrecke ihn,
ich erschreckte ihn,
ich habe ihn erschreckt,
ich erschrak,
ich bin erschrocken
erst
erst jetzt
erste/Erste →
er|tap|pen
sie hat ihn ertappt
(erwischt)
er|trin|ken → trinken
Er|wach|se|ne, der
die Er|wach|se|nen
er|wach|sen sein
er|war|ten
sie erwartet etwas
er|wi|dern
sie erwidert (antwortet)
etwas
er|zäh|len
sie er|zählt
die Er|zäh|lung
Er|zeu|ger, der
die Er|zeu|ger

er|zie|hen
sie er|zieht, er|zog,
hat er|zo|gen
die Er|zie|hung
es
es ist schon spät
Esel, der
die Esel
Es|ki|mo, der
die Es|ki|mos

es|sen
sie isst, aß,
hat ge|ges|sen
das Es|sen
Eta|ge, die
die Eta|gen (Stockwerke)
Etui, das
die Etuis
et|wa
*etwa (ungefähr)
zwanzig Kinder*
et|was
etwas Schönes
euch
eu|er, eu|re
Eu|le, die
die Eu|len

Eu|ro, der
die Eu|ros
Eu|ro|pa
eu|ro|pä|isch
die Eu|ro|pä|er
ewig
die Ewig|keit
Ex|pe|di|ti|on, die
die Ex|pe|di|ti|onen
(Forschungsreisen)
ex|tra

→ **erste/Erste**

Kleinschreibung
die erste Klasse
mein erstes Buch
erstens

Großschreibung
sie war als Erste im Ziel
der Erste des Monats
Erste Hilfe leisten
sie wurde Erste

Mit Zahl oder ausgeschrieben
am ersten Januar *oder*
am 1. Januar

Fabel bis fang

F/f

Fa|bel, die
  die Fa|beln
Fach, das
  die Fä|cher
Fach|werk, das
Fa|ckel, die
  die Fa|ckeln
Fa|den, der
  die Fä|den
fä|hig
  sie ist fähig (imstande)
Fah|ne, die
  die Fah|nen
fah|ren
  sie fährt, fuhr,
  ist ge|fah|ren
  der Fah|rer,
  die Fah|re|rin
  die Fahrt, die Fahr|ten
  das Fahr|zeug
Fahr|rad, das
  die Fahr|rä|der
  sie fährt Rad
  beim Rad|fah|ren
  der Fahr|rad|helm

fair
  (gerecht)
  fai|rer, am fairs|ten
  die Fair|ness
  un|fair
Fall, der
  die Fäl|le
fal|len
  er fällt, fiel,
  ist ge|fal|len
fäl|len
  er fällt einen Baum
falsch
  falsch schreiben
fal|ten
  sie faltet das Papier
Fa|mi|lie, die
  die Fa|mi|li|en
Fan, der
  die Fans
  er ist ein Fan
  (Anhänger) von
  Schalke 04
fand → finden
fan|gen
  sie fängt, fing,
  hat ge|fan|gen
  der Fang, die Fän|ge

104

Fant bis Fehler

Fan|ta|sie, die
auch: die Phan|ta|sie
die Fan|ta|si|en
fan|ta|sie|ren
auch: phan|ta|sie|ren
Far|be, die
die Far|ben
far|big, far|bi|ger,
am far|bigs|ten
fär|ben
farb|lich
Fa|sching, der
Fass, das
die Fäs|ser
fas|sen
sie fasst ihn an
die Fas|sung
fast
sie waren fast (beinahe)
pünktlich
fas|ten
sie fas|tet
die Fas|ten|zeit
Fast|nacht, die
fau|chen
die Katze faucht

faul
fau|ler, am fauls|ten
fau|len|zen
Faust, die
die Fäus|te
Fax, das
die Fa|xe
(*kurz für:* Te|le|fax)
fa|xen, er faxt
Fa|xen, die
sie macht Faxen
(Unsinn)
Fe|bru|ar, der
auch: der Feb|ru|ar
Fe|der, die
die Fe|dern
die Fe|der|map|pe
Fee, die
die Fe|en
fe|en|haft
fe|gen
er fegt
feh|len
sie fehlt
Feh|ler, der
feh|ler|frei
feh|ler|haft

105

Feier bis fett

Fei|er, die
die Fei|ern
der Fei|er|tag
fei|ern, sie fei|ert
fei|ge
fei|ger,
am feigs|ten
der Feig|ling
fein
fei|ner, am feins|ten
Feind, der
die Fein|de
feind|lich
Feld, das
die Fel|der
Fel|ge, die
die Fel|gen
Fell, das
die Fel|le
Fel|sen, der
die Fel|sen
fel|sig
Fens|ter, das
die Fens|ter
Fe|ri|en, die
Fer|kel, das
die Fer|kel

fern
fer|ner, am ferns|ten
die Fer|ne
fern|se|hen
er sieht fern,
sah fern,
hat fern|ge|se|hen
beim Fern|se|hen
der Fern|se|her
Fer|se, die
die Fer|sen
fer|tig
fer|tig wer|den
fest
fes|ter, am fes|tes|ten
fest|hal|ten
fest|ma|chen
fest|stel|len
Fest, das
die Fes|te, fest|lich
Fest|plat|te, die
die Fest|plat|ten
fett
fet|ter, am fet|tes|ten
das Fett, die Fet|te
fet|tig

feucht bis flach

feucht
feuch|ter,
am feuch|tes|ten
die Feuch|tig|keit
Feu|er, das,
die Feu|er
feu|ern, feu|rig
die Feu|er|wehr
Fi|bel, die
die Fi|beln
Fich|te, die
die Fich|ten
Fie|ber, das
das Fie|ber|ther|mo-
me|ter
fiel → fallen
fies
das schmeckt fies
(eklig)
Fi|gur, die
die Fi|gu|ren
Film, der
die Fil|me
fil|men, sie filmt
der Film|star
Fil|ter, der
auch: das Fil|ter,
die Fil|ter

Filz|stift, der
die Filz|stif|te
fin|den
sie fin|det, fand,
hat ge|fun|den
der Fin|der, der Fund
fing → fangen
Fin|ger, der
die Fin|ger
der Fin|ger|na|gel
fins|ter
fins|te|rer,
am fins|ters|ten
die Fins|ter|nis
Fir|mung, die
der Firm|ling
Fisch, der
die Fi|sche
fi|schen
der Fi|scher
fit
fit|ter, am fit|tes|ten
die Fit|ness
fix
fi|xer, am fi|xes|ten
er ist fix und fertig
flach
fla|cher, am flachs|ten

107

Flä bis Flosse

Flä|che, die
flä|chig
das Flach|land
Fla|den, der
die Fla|den
das Fla|den|brot
Flag|ge, die
die Flag|gen
Flam|me, die
die Flam|men
Fla|sche, die
die Fla|schen
flat|tern
der Vogel flattert
flechten
sie flicht, flocht,
hat ge|floch|ten
sie flicht ihre Zöpfe
Fleck, der
die Fle|cke
auch: die Fle|cken
fle|ckig
Fleisch, das
flei|schig
Fleiß, der
flei|ßig, flei|ßi|ger,
am flei|ßigs|ten
fli|cken
sie flickt

Flie|der, der
Flie|ge, die
die Flie|gen
flie|gen
er fliegt, flog,
ist ge|flo|gen
flie|hen
sie flieht, floh,
ist ge|flo|hen
flie|ßen
es fließt, floss,
ist ge|flos|sen
flink
flin|ker, am flin|kes|ten
flit|zen
er flitzt
Flo|cke, die
die Flo|cken
flo|ckig
flog → fliegen
floh → flie|hen
Floh, der
die Flö|he
floss → fließen
Floß, das
die Flö|ße
Flos|se, die
die Flos|sen

108

Flöte bis fort

Flö|te, die
die Flö|ten
flö|ten, er flö|tet
flott
flot|ter, am flot|tes|ten
flu|chen
er flucht, fluch|te,
hat ge|flucht
flüch|ten
die Flucht
der Flücht|ling
Flug, der
die Flü|ge
der Flug|ha|fen
das Flug|zeug
Flü|gel, der
die Flü|gel
flun|kern
*flunkere (schwindle)
nicht!*
Flur, der
die Flu|re
Fluss, der
die Flüs|se
flüs|sig
flüs|si|ger,
am flüs|sigs|ten
die Flüs|sig|keit

flüs|tern
sie flüs|tert
Flut, die
die Flu|ten
Foh|len, das
die Foh|len
Föhn, der
die Föh|ne, föh|nen
fol|gen
er folgt
Fon|tä|ne, die
die Fon|tä|nen
for|dern
sie for|dert
die For|de|rung
för|dern
der För|der|un|ter|richt
for|men
sie formt
for|schen
sie forscht
der For|scher,
die For|sche|rin
Förs|ter, der
die Förs|ter
fort
fort sein
fort|ge|hen

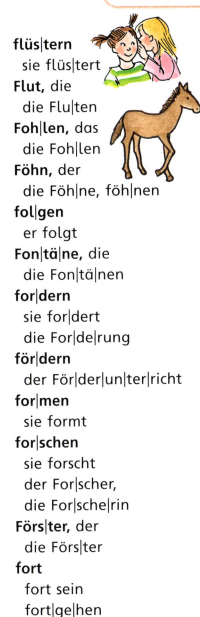

109

Foto bis Freund

Fo|to, das
die Fo|tos
fo|to|gra|fie|ren,
er fo|to|gra|fiert
der Fo|to|graf,
die Fo|to|gra|fin
fo|to|ko|pie|ren
die Fo|to|ko|pie
der Fo|to|ko|pie|rer
fra|gen
sie fragt
die Fra|ge
der Fra|ge|satz
das Fra|ge|zei|chen
Frank|reich
fran|zö|sisch
die Fran|zo|sen
fraß → fressen
Frat|ze, die
die Frat|zen
Frau, die
die Frau|en
frech
fre|cher, am frechs|ten
frei
frei|er, am frei|es|ten
frei sein, frei|ha|ben
frei|hän|dig

Freitag/freitags →
der Frei|tag,
die Frei|ta|ge
frei|tags
Frei|zeit, die
fremd
fremd sein
der Frem|de,
die Frem|den
in der Frem|de
fres|sen
er frisst, fraß,
hat ge|fres|sen
das Fres|sen
Freu|de, die
die Freu|den
freu|dig
freu|en
sie freut sich
Freund, der
die Freun|de,
die Freun|din,
die Freun|din|nen
freund|lich
die Freund|schaft

110

Fried bis Frucht

Frie|den, der
fried|lich,
fried|li|cher,
am fried|lichs|ten
frie|ren
sie friert, fror,
hat ge|fro|ren
der Boden ist gefroren
Fri|ka|del|le, die
die Fri|ka|del|len
frisch
fri|scher,
am frischs|ten
oder: am fri|sches|ten
fri|sie|ren
er fri|siert
der Fri|seur,
die Fri|seu|rin
die Fri|sur
froh
fro|her,
am fro|hes|ten
froh sein

fröh|lich
fröh|li|cher,
am fröh|lichs|ten
die Fröh|lich|keit
fromm
die Fröm|mig|keit
fror → frieren
Frosch, der
die Frö|sche
Frost, der
die Frös|te
fros|tig, fros|ti|ger,
am fros|tigs|ten
Frucht, die
die Früch|te
frucht|bar

➡️ **Freitag/freitags**

Großschreibung
der Freitag
am Freitag
jeden Freitag
am Freitagmittag

Kleinschreibung
freitags
freitagmittags

früh bis Futur

früh
frü|her,
am frü|hes|ten
morgen früh
Früh|ling, der
das Früh|jahr
Früh|stück, das
früh|stü|cken
Frust, der
frus|triert
sie ist frustriert
(enttäuscht)
Fuchs, der
die Füch|se
füh|len
sie fühlt
fuhr → fahren
füh|ren
sie führt
die Füh|rung
fül|len
sie füllt
Fül|ler, der
der Füll|fe|der|hal|ter
fünf/Fünf →
fünf|zehn, fünf|zig,
fünf|hun|dert

Funk, der
der Rund|funk
fun|ken, sie funkt
Fun|ke, der
auch: der Fun|ken
die Funken des Feuers
funk|tio|nie|ren
es funk|tio|niert
für
für|ein|an|der
Furcht, die
furcht|bar, furcht|ba|rer,
am furcht|bars|ten
fürch|ten
sie fürchtet sich
fürch|ter|lich
Fuß, der
die Fü|ße
zu Fuß ge|hen
die Fuß|gän|ger
Fuß|ball, der
die Fuß|bäl|le
Fut|ter, das
fut|tern, er fut|tert
füt|tern, sie füt|tert
die Füt|te|rung
Fu|tur, das
(Zukunftsform)

112

gab bis gar

G/g

gab → geben
Ga|bel, die
  die Ga|beln
ga|ckern
  das Huhn gackert
gaf|fen
  er gafft
gäh|nen
  sie gähnt vor Müdigkeit
ga|lop|pie|ren
  das Pferd galoppiert
  der Ga|lopp
Game|boy, der
  (elektronisches
  Spielgerät)
Gang, der
  die Gän|ge
Gans, die
  die Gän|se
  das Gän|se|blüm|chen
ganz
  ganz und gar
  die ganze Familie
  das Gan|ze
  die Ganz|tags|schu|le

gar
  gar kein Ärger
  gar nicht
  gar nichts
gar
  gar ko|chen, gar sein

→ **fünf/Fünf**

Kleinschreibung
fünf Jahre alt sein
fünf mal zwei
es ist halb fünf
fünftens

Großschreibung
die Zahl Fünf
eine Fünf schreiben
zwei Fünfen im Zeugnis
er wurde Fünfter

**Mit Zahl
oder ausgeschrieben**
fünfjährig – 5-jährig
fünfmal – 5-mal
am fünften *oder* 5. Mai

A
B
C
D
E
F
G
H
I
J
K
L
M
N
O
P
Qu
R
S
T
U
V
W
X
Y
Z

113

Gar bis Ge

Ga|ra|ge, die
  die Ga|ra|gen
Gar|di|ne, die
  die Gar|di|nen
Garn, das
  die Gar|ne
Gar|ten, der
  die Gär|ten
  der Gärt|ner,
  die Gärt|ne|rin
Gas, das
  die Ga|se
  das Gas|pe|dal
Gas|se, die
  die Gas|sen
Gast, der
  die Gäs|te
  das Gast|haus
Gaul, der
  die Gäu|le
Gau|men, der
  die Gau|men
Ge|bäck, das
Ge|bäu|de, das
  die Ge|bäu|de
ge|ben
  du gibst, er gibt, gab,
  hat ge|ge|ben

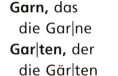

Ge|bet, das
  die Ge|be|te
ge|be|ten → bitten
Ge|bir|ge, das
  die Ge|bir|ge
  ge|bir|gig
Ge|biss, das
  die Ge|bis|se
ge|bis|sen → beißen
ge|blie|ben → bleiben
ge|bo|gen → biegen
ge|bo|ren
Ge|bot, das
  die Ge|bo|te
ge|bracht → bringen
ge|brannt
  → brennen
ge|brau|chen
  sie ge|braucht
  der Ge|brauch
ge|bro|chen → brechen
ge|bun|den → binden
Ge|burt, die
  die Ge|bur|ten
Ge|burts|tag, der
  die Ge|burts|ta|ge
ge|dacht → denken
Ge|dächt|nis, das

Ged bis geheu

Ge|dan|ke, der
  die Ge|dan|ken
Ge|dicht, das
  die Ge|dich|te
Ge|drän|ge, das
  im Flur war ein großes
  Gedränge
Ge|duld, die
  ge|dul|dig
ge|eig|net
  ge|eig|ne|ter,
  am ge|eig|nets|ten
Ge|fahr, die
  die Ge|fah|ren
ge|fähr|lich
  ge|fähr|li|cher,
  am ge|fähr|lichs|ten
ge|fal|len
  sie ge|fällt, ge|fiel,
  hat ge|fal|len
ge|flo|gen → fliegen
ge|flo|hen → fliehen
ge|flos|sen → fließen
ge|frie|ren
  es ge|friert, ge|fror,
  ist ge|fro|ren
Ge|fühl, das
  die Ge|füh|le

ge|fun|den → finden
ge|gan|gen → gehen
ge|gen
  er ist gegen mich
  gegen Abend
Ge|gend, die
  die Ge|gen|den
ge|gen|sei|tig
Ge|gen|teil, das
ge|gen|über
Ge|gen|ver|kehr, der
ge|ges|sen → essen
ge|gos|sen → gießen
ge|han|gen → hängen
ge|hängt → hängen
ge|heim
  ge|hei|mer,
  am ge|heims|ten
Ge|heim|nis, das
  die Ge|heim|nis|se
ge|hen
  sie geht, ging,
  ist ge|gan|gen
  spa|zie|ren ge|hen
ge|heu|er
  mir ist das nicht
  geheuer (unheimlich)

Geh bis Gem

Ge|hirn, das
die Ge|hir|ne
die Ge|hirn|er|schüt|te|rung
ge|ho|ben → heben
ge|hol|fen → helfen
Ge|hör, das
ge|hö|ren
es gehört mir
ge|hor|chen
er ge|horcht
Ge|hor|sam, der
ge|hor|sam sein
Geh|weg, der
die Geh|we|ge
Gei|ge, die
die Gei|gen
gei|gen, Gei|ge spie|len
Geist, der
die Geis|ter
gei|zig
gei|zi|ger,
am gei|zigs|ten
der Geiz
ge|kannt → kennen
ge|klun|gen → klingen
ge|kriegt → kriegen
ge|kro|chen → kriechen
Ge|län|der, das
die Ge|län|der

ge|launt
sie ist gut gelaunt
ge|lau|fen → laufen
gelb/Gelb →
mein gel|bes T-Shirt
Geld, das
die Gel|der
der Geld|schein
das Geld|stück
ge|le|gen → liegen
Ge|le|gen|heit, die
die Ge|le|gen|hei|ten
Ge|lenk, das
die Ge|len|ke
ge|lie|hen → leihen
ge|lin|gen
es ge|lingt, ge|lang,
ist ge|lun|gen
ge|lo|gen → lügen
gel|ten
es gilt, galt,
hat ge|gol|ten
die Gel|tung
ge|mein
ge|mei|ner,
am ge|meins|ten
die Ge|mein|heit
Ge|mein|de, die
die Ge|mein|den

ge bis Gerät

ge|mein|sam
die Ge|mein|sam|keit
ge|mocht → mögen
Ge|mü|se, das
ge|müt|lich
ge|müt|li|cher,
am ge|müt|lichs|ten
ge|nannt → nennen
so|ge|nannt,
auch: so ge|nannt
ge|nau
ge|nau|er,
am ge|nau|es|ten
ge|nau nehmen
ge|nau|so gut
etwas Ge|nau|es
ge|nie|ßen
sie ge|nießt, ge|noss,
hat ge|nos|sen
Ge|ni|tiv, der
Wesfall
ge|nom|men → nehmen
ge|nug
ge|nug ha|ben
genügend Zeit haben
Ge|nuss, der
das Essen war ein
Genuss

Ge|päck, das
der Ge|päck|trä|ger
ge|pfif|fen → pfeifen
ge|ra|de
auch: gra|de
ge|ra|de|aus, un|ge|ra|de
gerade sitzen
ge|rannt → rennen
Ge|rät, das
die Ge|rä|te

→ **gelb/Gelb**

Kleinschreibung
mein Pulli ist gelb
mein gelber Pulli
gelb gestreift,
auch: gelbgestreift
hellgelb, gelbgrün
etwas gelb anmalen

Großschreibung
die Farbe Gelb
das Gelb der Zitrone
ein strahlendes Gelb
die Ampel steht auf
Gelb

Ger bis ge

Ge|räusch, das
  die Ge|räu|sche
ge|recht
  ge|rech|ter,
  am ge|rech|tes|ten
Ge|rech|tig|keit, die
ge|rie|ben → reiben
ge|ring
  ge|rin|ger,
  am ge|rings|ten
ge|rin|gelt
ge|ris|sen → reißen
ge|rit|ten → reiten
gern
  sie hat ihn gern
ge|ro|chen → riechen
Ge|ruch, der
  die Ge|rü|che
ge|run|gen → ringen
ge|samt
  die gesamte Familie
  ins|ge|samt
ge|sandt → senden
Ge|sang, der
  die Ge|sän|ge
Ge|schäft, das
  die Ge|schäf|te

ge|sche|hen
  es ge|schieht,
  ge|schah,
  ist ge|sche|hen
  das Ge|sche|hen
ge|scheit
  ge|schei|ter,
  am ge|schei|tes|ten
  sie ist sehr gescheit
  (klug)
Ge|schenk, das
  die Ge|schen|ke
Ge|schich|te, die
  die Ge|schich|ten
ge|schickt
  er ist sehr geschickt
ge|schie|den → scheiden
ge|schie|nen → scheinen
Ge|schirr, das
Ge|schlecht, das
  die Ge|schlech|ter
ge|schli|chen → schleichen
ge|schlos|sen → schließen
ge|schlun|gen
  → schlingen
Ge|schmack, der
  ge|schmack|voll
ge|schmis|sen
  → schmeißen

118

gesch bis getr

ge|schmol|zen
→ schmelzen
ge|schnit|ten → schneiden
ge|scho|ben → schieben
ge|schos|sen → schießen
Ge|schrei, das
ge|schrie|ben → schreiben
ge|schrien → schreien
ge|schwie|gen
→ schweigen
Ge|schwin|dig|keit, die
die Ge|schwin|dig|kei|ten
ge|schwind
Ge|schwis|ter, die
ge|schwom|men
→ schwimmen
ge|ses|sen → sitzen
Ge|setz, das
die Ge|set|ze
ge|setz|lich
Ge|sicht, das
die Ge|sich|ter
Ge|spenst, das
die Ge|spens|ter
ge|spon|nen → spinnen
Ge|spräch, das
die Ge|sprä|che
ge|sprä|chig

ge|spro|chen → sprechen
ge|sprun|gen → springen
ge|stan|den → stehen
Ge|stank, der
ges|tern
gestern Abend
seit ges|tern
der ges|tri|ge Tag
ge|stie|gen → steigen
ge|sto|chen → stechen
ge|stoh|len → stehlen
ge|stor|ben → sterben
ge|streift
ge|stri|chen → streichen
ge|strit|ten → streiten
Ge|strüpp, das
ge|stun|ken → stinken
ge|sund
ge|sün|der,
am ge|sün|des|ten
Ge|sund|heit, die
ge|sun|gen → singen
ge|sun|ken → sinken
ge|tan → tun
Ge|tränk, das
die Ge|trän|ke
ge|trau|en
sie ge|traut sich

119

Getr bis ging

Ge|trei|de, das
ge|trennt
  getrennt schreiben
ge|trof|fen → treffen
ge|trun|ken → trinken
ge|tupft
Ge|wächs, das
  die Ge|wäch|se
  das Ge|wächs|haus
Ge|walt, die
  die Ge|wal|ten
  ge|wal|tig
Ge|wäs|ser, das
  die Ge|wäs|ser
ge|we|sen → sein
Ge|wicht, das
  die Ge|wich|te
ge|win|nen
  sie ge|winnt,
  ge|wann,
  hat ge|won|nen
  der Ge|winn
ge|wiss
Ge|wis|sen, das
  ge|wis|sen|haft
Ge|wit|ter, das
  die Ge|wit|ter

ge|wo|gen → wiegen
ge|wöh|nen
  sich ge|wöh|nen
  er hat sich an die
  Arbeit gewöhnt
ge|won|nen → gewinnen
ge|wor|den → werden
ge|wor|fen → werfen
ge|wun|ken
  auch:
  ge|winkt → winken
Ge|würz, das
  die Ge|wür|ze
ge|wusst → wissen
ge|zo|gen → ziehen
ge|zwun|gen → zwingen
gibt → geben
gie|rig
  gie|ri|ger,
  am gie|rigs|ten
gie|ßen
  es gießt, goss,
  hat ge|gos|sen
Gieß|kan|ne, die
Gift, das
gif|tig
  gif|ti|ger, am gif|tigs|ten
ging → gehen

120

Gips bis **Glück**

Gips, der
 sie hat einen Gips-
 verband
Gi|raf|fe, die
 die Gi|raf|fen
Gi|tar|re, die
 die Gi|tar|ren

Git|ter, das
 die Git|ter
glän|zen
 es glänzt
 glän|zend
 der Glanz
Glas, das
 die Glä|ser
 glä|sern

glatt
 glat|ter/glät|ter,
 am glat|tes|ten/
 am glät|tes|ten
 die Glät|te
 das Glatt|eis
Glat|ze, die
 die Glat|zen
glau|ben
 sie glaubt
 sie ist gläu|big
 der Glau|be

gleich
 gleich|alt|rig
 gleich groß
 das Glei|che
 gleich|zei|tig
Gleis, das
 die Glei|se
glei|ten
 er glei|tet, glitt,
 ist aus|ge|glit|ten
 (ausgerutscht)
Glied, das
 die Glie|der
glit|schig
 glit|schi|ger,
 am glit|schigs|ten
glit|zern
 die Sterne glitzern
Glo|bus, der
 die Glo|bus|se
 auch: die Glo|ben

Glo|cke, die
 die Glo|cken
glot|zen
 er glotzt
 er glotzt mich mit
 großen Augen an
Glück, das
 Glück ha|ben

121

glück bis grau

glück|lich
glück|li|cher,
am glück|lichs|ten
glü|hen
es glüht
die Glüh|lam|pe
das Glüh|würm|chen
Glut, die
die Glu|ten
die Glut ist heiß
gnä|dig
die Gna|de
Gold, das
gol|den, gol|dig
der Gold|hams|ter
Go|ril|la, der
die Go|ril|las
goss → gießen
Gott, der
die Göt|ter,
die Göt|tin
gött|lich
Grab, das
die Grä|ber
gra|ben
sie gräbt, grub,
hat ge|gra|ben
der Gra|ben
die Grä|ben

Grad, der
es ist 20 Grad warm
gra|de
auch: ge|ra|de
Grape|fruit, die
die Grape|fruits
Gras, das
die Grä|ser
der Gras|halm
gra|sen
gräss|lich
gräss|li|cher,
am gräss|lichs|ten
gra|tu|lie|ren
er gra|tu|liert
die Gra|tu|la|ti|on
grau/Grau →
mein grau|es T-Shirt
gräu|lich
grau|en
mir graut vor der Arbeit
(Angst haben)
grau|en|voll
das Grau|en
grau|sam
die Grau|sam|keit

greif bis Grube

grei|fen
  er greift, griff,
  hat ge|grif|fen
grell
  grel|les Licht
  grell|rot
Gren|ze, die
  die Gren|zen
Grie|chen|land
  grie|chisch
  die Grie|chen
Grieß, der
  der Grieß|brei
Griff, der
  die Grif|fe
Grill, der
  die Grills
  gril|len, er grillt
Gri|mas|se, die
  die Gri|mas|sen
grin|sen
  sie grinst (lacht) ihn an
Grip|pe, die
grob
  grö|ber, am gröbs|ten
grö|len
  die Kinder grölen
  (schreien)

groß
  grö|ßer, am größ|ten
  die großen Ferien
  die Grö|ße, die Gro|ßen
Groß|bri|tan|ni|en
  bri|tisch, die Bri|ten
Groß|el|tern, die
grub
  → graben
Gru|be, die
  die Gru|ben

→ **grau/Grau**

Kleinschreibung
mein Rock ist grau
mein grauer Rock
grau gestreift,
auch: graugestreift
grauhaarig
hellgrau
etwas grau anmalen

Großschreibung
die Farbe Grau
das Grau ihres Haares
ein helles Grau

123

grün bis Gym

grün/Grün →
  mein grü|nes T-Shirt
Grund, der
  die Grün|de
gründ|lich
  gründ|li|cher,
  am gründ|lichs|ten
Grup|pe, die
  die Grup|pen
gru|seln
  er gru|selt sich
  gru|se|lig
grü|ßen
  er grüßt, grüß|te,
  hat ge|grüßt
  der Gruß, die Grü|ße
  die Gruß|kar|te
gu|cken
  er guckt
Gu|lasch, der
  auch: das Gu|lasch
gül|tig
  die Gül|tig|keit
Gum|mi, der
  auch: das Gum|mi,
  die Gum|mis
  die Gum|mi|stie|fel
Gur|ke, die
  die Gur|ken

Gür|tel, der
  die Gür|tel
gut
  bes|ser, am bes|ten
  gut ge|meint
  alles Gute
gü|tig
  die Gü|te
Gym|na|si|um, das
  die Gym|na|si|en

→ **grün/Grün**

Kleinschreibung
mein Pulli ist grün
mein grüner Pulli
grün gestreift,
auch: grüngestreift
hellgrün
dunkelgrün
etwas grün anmalen

Großschreibung
die Farbe Grün
das Grün des Waldes
ein leuchtendes Grün
die Ampel steht auf
Grün

Haar bis Hals

H/h

Haar, das
  die Haa|re
ha|ben
  ich ha|be, du hast,
  sie hat, hat|te,
  hat ge|habt
ha|cken
  er hackt
  die Ha|cke
Ha|fen, der
  die Hä|fen
Ha|fer|flo|cken, die
Ha|ge|but|te, die
  die Ha|ge|but|ten
Ha|gel, der
  ha|geln
  es ha|gelt
Hahn, der
  die Häh|ne
  das Hähn|chen
Hai|fisch, der
  die Hai|fi|sche
hä|keln
  er hä|kelt

Ha|ken, der
  die Ha|ken
  das Häk|chen
halb
  halb vier, halb voll
  eine hal|be Stun|de
  es ist halb vier
half → helfen
Hälf|te, die
  die Hälf|ten
Half|ter, das
  auch: der Half|ter,
  die Half|ter
  das Pfer|de|half|ter
Hal|le, die
  die Hal|len
hal|lo
Halm, der
  die Hal|me
Hal|ma, das
  sie spielen Halma
Hals, der
  die Häl|se
  das Hals|tuch

A
B
C
D
E
F
G
H
I
J
K
L
M
N
O
P
Qu
R
S
T
U
V
W
X
Y
Z

halten bis Hase

hal|ten
du hältst, er hält, hielt,
hat ge|hal|ten
die Hal|te|stel|le
der Halt
Ham|mer, der
die Häm|mer
häm|mern
Ham|pel|mann, der
die Ham|pel|män|ner
Hams|ter, der
die Hams|ter
Hand, die
die Hän|de
die Hand|schrift
der Hand|schuh
han|deln
er han|delt
die Hand|lung
der Händ|ler,
die Händ|le|rin
Han|dy, das
die Han|dys
Hang, der
die Hän|ge

hän|gen
sie hängt,
sie häng|te,
sie hat ge|hängt
sie hängte das Bild an
die Wand
es hängt,
es hing,
es hat ge|han|gen
das Bild hing an der
Wand
Hap|pen, der
die Hap|pen
sie hat noch keinen
Happen gegessen
Hard|ware, die
Har|ke, die
die Har|ken
har|ken
sie harkt
hart
här|ter, am här|tes|ten
hart gekochte (auch:
hartgekochte) Eier
hart|nä|ckig
Ha|se, der
die Ha|sen
das Häs|chen

126

Hasel bis heil

Ha|sel|maus, die
die Ha|sel|mäu|se
Ha|sel|nuss, die
die Ha|sel|nüs|se

has|sen
er hasst
der Hass, häss|lich
hast → haben
hat → haben
hatte → haben
hät|te → haben
ich hätte gern ein Brot
hau|en
sie haut, hau|te,
hat ge|hau|en
Hau|fen, der
die Hau|fen
häu|fig
häu|fi|ger,
am häu|figs|ten
die Häu|fig|keit
Haupt, das
die Häup|ter
der Häupt|ling
die Haupt|stadt
die Haupt|sa|che
haupt|säch|lich

Haus, das
die Häu|ser
die Haus|auf|ga|be
der Haus|meis|ter
das Haus|tier
nach Hau|se
zu Hau|se
Haut, die
die Häu|te
he|ben
du hebst, sie hebt, hob,
hat ge|ho|ben
He|cke, die
die He|cken
die He|cken|ro|se
Heft, das
die Hef|te
hef|tig
hef|ti|ger,
am hef|tigs|ten
*es hat heftig (stark)
geregnet*
Heft|pflas|ter, das
hei|len
es heilt

heil bis Henkel

hei|lig
 der hei|li|ge Ni|ko|laus
 die hei|li|ge
 Kom|mu|nion
 der Hei|li|ge Abend
 die Heiligen Drei Könige
Hei|lung, die
heim
 heim|kom|men
 das Heim,
 die Hei|me
 das Heim|weh
Hei|mat, die
 der Hei|mat|ort
heim|lich
 heim|li|cher,
 am heim|lichs|ten
hei|ra|ten
 er hei|ra|tet,
 ist ver|hei|ra|tet
 die Hei|rat
heiser
 sie ist heiser (erkältet)
heiß
 hei|ßer, am hei|ßes|ten
hei|ßen
 du heißt, er heißt, hieß,
 hat ge|hei|ßen

hei|ter
 hei|te|rer, am hei|ters|ten
 die Hei|ter|keit
hei|zen
 er heizt
 die Hei|zung
Held, der
 die Hel|den
hel|fen
 sie hilft, half,
 hat ge|hol|fen
 die Hel|fer
hell
 hel|ler, am hells|ten
 hell er|leuch|tet
 hell|blau
Helm, der
 die Hel|me
 der Fahr|rad|helm
Hemd, das
 die Hem|den
Hengst, der
 die Hengs|te
Hen|kel, der
 die Hen|kel

Henne bis Heu

Hen|ne, die
die Hen|nen
her
her|kom|men
he|rab
he|rab|fal|len
he|ran
he|ran|kom|men
he|rauf
he|rauf|stei|gen
he|raus
he|raus|kom|men
her|bei
Herbst, der
die Herbst|fe|ri|en
herbst|lich
Herd, der
die Her|de
der Gas|herd
Her|de, die
die Her|den
die Schaf|her|de
he|rein
he|rein|kom|men
He|ring, der
die He|rin|ge

her|kom|men
sie kommt her, kam her,
ist her|ge|kom|men
Herr, der
die Her|ren
herr|lich
her|stel|len
sie stellt her
die Her|stel|lung
he|rü|ber
he|rü|ber|schau|en
he|rum
he|rum|lau|fen
he|run|ter
he|run|ter|fah|ren
he|run|ter|fal|len
he|run|ter|la|den
her|vor
her|vor|ho|len
Herz, das
die Her|zen
herz|lich, herz|li|cher,
am herz|lichs|ten
herzliche Grüße
het|zen
er hetzt, ist ab|ge|hetzt
Heu, das

129

heulen bis hin

heu|len
  er heult
  das Ge|heul
  es ist zum Heulen
heu|te
  heu|te Mor|gen
He|xe, die
  die He|xen
hielt → halten
hier
  hier|her
  hier|blei|ben
  hier sein
hieß → heißen
Hil|fe, die
  die Hil|fen
  Ers|te Hil|fe
  hel|fen, hilft
Him|bee|re, die
  die Him|bee|ren
Him|mel, der
  die Him|mel
  die Him|mels|rich|tung
  him|mel|blau, himm|lisch
hin
  hin und her
hi|nab
  hi|nab|ge|hen

hi|nauf
  hi|nauf|ge|hen
hi|naus
  hi|naus|ge|hen
Hin|der|nis, das
  die Hin|der|nis|se
hi|nein
  hi|nein|ge|hen
hin|fal|len
  sie fällt hin,
  fiel hin, ist hin|ge|fal|len
hin|ken
  er hinkt mit seinem
  verletzten Bein
hin|ten
hin|ter
  hinter dem Haus
hin|ter|her
  hin|ter|her|lau|fen
Hin|tern, der
  die Hin|tern
hi|nü|ber
  hi|nü|ber|ge|hen
hi|nun|ter
  hi|nun|ter|fal|len
hin|zu
  hin|zu|kom|men

Hirsch bis holp

Hirsch, der
  die Hir|sche
Hir|te, der
  die Hir|ten
Hit, der
  die Hits, die Hit|pa|ra|de
Hit|ze, die
  er|hitzt, hit|zig
hob → heben
Hob|by, das
  die Hob|bys
hoch
  hö|her, am höchs|ten
  hoch oben
  ein ho|her Berg
  das Hoch|haus
  das Hoch|was|ser
höchs|tens
  er ist höchstens 10 Jahre alt
Hoch|zeit, die
  die Hoch|zei|ten
ho|cken
  er hockt
  die Ho|cke, der Ho|cker
Ho|ckey, das

Hof, der
  die Hö|fe
  der Schul|hof
hof|fen
  sie hofft
  die Hoff|nung
  hof|fent|lich
höf|lich
  höf|li|cher,
  am höf|lichs|ten
Hö|he, die
  die Hö|hen
hohl
  die Höh|le
  aus|höh|len
Ho|kus|po|kus, der
  er macht Hokuspokus (Zauberkunststücke)
ho|len
  sie holt, hol|te,
  hat ge|holt
Hol|land
  hol|län|disch
  die Hol|län|der
Höl|le, die
  höl|lisch
hol|pern
  holp|rig

Holz bis hump

Holz, das
die Höl|zer
Home|page, die
die Home|pa|ges
Ho|nig, der
ho|nig|süß
hop|peln
das Kaninchen hoppelt
hop|sen
er hopst
hor|chen
du horchst, sie horcht
Hor|de, die
die Hor|den
hö|ren
sie hört
der Hö|rer, die Hö|re|rin
Horn, das
die Hör|ner
Hort, der
die Hor|te
Ho|se, die
die Ho|sen
Ho|sen|trä|ger, der
Hot|dog, der
die Hot|dogs
auch: Hot Dog

Ho|tel, das
die Ho|tels
hübsch
hüb|scher,
am hüb|sches|ten
hübsch aussehen
Hub|schrau|ber, der
die Hub|schrau|ber
hu|cke|pack
*jemanden auf dem
Rücken huckepack
tragen*
Huf, der
die Hu|fe
das Huf|ei|sen
Hü|gel, der
die Hü|gel
Huhn, das
die Hüh|ner
Hül|le, die
die Hül|len
Hum|mel, die
die Hum|meln
Hu|mor, der
sie lacht, sie hat Humor
hum|peln
er hum|pelt

Hund bis Iglu

Hund, der
　die Hun|de
　das Hünd|chen
hundert/Hundert →
Hun|ger, der
　Hun|ger ha|ben
　sie hun|gern, er hun|gert
　hung|rig sein
Hu|pe, die
　die Hu|pen
　hu|pen, er hupt
hüp|fen
　sie hüpft
hus|ten
　sie hus|tet
　der Hus|ten
　sie hat Husten
Hut, der
　die Hü|te
hü|ten
　hü|tet, be|hü|ten
Hüt|te, die
　die Hüt|ten

I/i

ich
Icon, das
　die Icons
Idee, die
　die Ide|en
Idi|ot, der
　die Idi|oten
Igel, der
　die Igel
Ig|lu, das
　auch: der Ig|lu,
　die Ig|lus

→ **hundert/Hundert**

Kleinschreibung
bis hundert zählen
Tempo hundert
hundert Tiere

Großschreibung
die Zahl Hundert
ein Hunderter

133

ihm bis Insekt

ihm
ich schenke ihm etwas
ihn
ich sehe ihn
ih|nen
wir helfen ihnen
ihr
ih|re, ih|rem, ih|ren,
ih|rer, ih|res
Ihr (Anrede)

*Liebe Frau Weber,
Ihr Päckchen habe ich
bekommen*

im
im (in dem) Haus sein
im|mer
im|mer wie|der
im|mer|zu
imp|fen
er ist ge|impft
die Imp|fung
in
ich gehe in den Garten
in
das ist in (modern)

In|di|aner, der
die In|di|aner
die In|di|ane|rin
der In|di|aner|stamm
in|di|anisch
In|di|en
in|disch, die In|der
In|dus|trie, die
die In|dus|tri|en
In|for|ma|ti|on, die
(Auskunft, Nachricht)
die In|for|ma|ti|o|nen
die In|for|ma|ti|ker
In|ge|ni|eur, der
die In|ge|ni|eu|re,
die In|ge|ni|eu|rin
In|halt, der
die In|hal|te
das In|halts|ver|zeich|nis
In|li|ner, die
die In|line|ska|ter
in|nen
in|ner|halb
in|ner|lich
ins
ins (in das) Haus gehen
In|sekt, das
die In|sek|ten

134

In|sel, die
  die In|seln
ins|ge|samt
In|stru|ment, das
  die In|stru|men|te
in|tel|li|gent
  sie ist sehr intelligent
  (klug)
in|te|res|sant
  das In|te|res|se
  in|te|res|sie|ren
In|ter|net, das
In|ter|view, das
  (Befragung)
  die In|ter|views
  in|ter|vie|wen,
  sie interviewt einige
  Kinder
  er führte ein Interview
  (eine Befragung) durch
in|zwi|schen

ir|gend
  ir|gend|ein
  ir|gend|et|was
  ir|gend|je|mand
  ir|gend|wann
  ir|gend|was
  ir|gend|wer
  ir|gend|wie
  ir|gend|wo
ir|ren
  sie irrt sich
Irr|tum, der
  die Irr|tü|mer
isst → essen
  er isst Kuchen
ist → sein
  sie ist krank
Ita|li|en
  ita|li|enisch
  die Ita|li|ener

135

ja bis **Joh**

J/j

ja
Ja sa|gen
auch: ja sagen
Jacht, die
die Jach|ten
auch: die Yacht,
die Yach|ten
Ja|cke, die
die Ja|cken
das Ja|ckett
Jagd, die
ja|gen
er jagt
Jä|ger, der
die Jä|ger
Jahr, das
die Jah|re
die Jah|res|zeit
jah|re|lang
ein Jahr lang
jam|mern
er jam|mert
der Jam|mer
jäm|mer|lich
Ja|nu|ar, der

jau|len
der Hund jault
je
je früher, desto besser
Jeans, die
je|de
je|der, je|dem, je|den,
je|des
je|de von euch
je|des Mal
je|den|falls
je|doch
je|mals
je|mand
je|man|dem,
je|man|den
jetzt
je|weils
jo|deln
er jo|delt
jog|gen
sie joggt
Jo|ghurt, der
auch: der Jo|gurt
Jo|han|nis|bee|re, die
die Jo|han|nis|bee|ren

Jo bis **Kalb**

Jo-Jo, das
die Jo-Jos
auch: das Yo-Yo,
die Yo-Yos
Jo|ker, der
die Jo|ker
Joy|stick, der
die Joy|sticks
Ju|bel, der
ju|beln, sie ju|belt
ju|cken
es juckt
Ju|do, das
Ju|gend, die
ju|gend|lich
Ju|li, der
jung
jün|ger, am jüngs|ten
Jun|ge, der
die Jun|gen
auch: die Jungs
bei Tieren: das Jun|ge,
die Jun|gen
Ju|ni, der

K/k

Ka|bel, das
die Ka|bel
Ka|bi|ne, die
die Ka|bi|nen
Ka|chel, die
die Ka|cheln
Kä|fer, der
die Kä|fer
Kaf|fee, der
Kä|fig, der
die Kä|fi|ge
kahl
kah|ler, am kahls|ten
Kahn, der
die Käh|ne
Kai|ser, der
die Kai|ser,
die Kai|se|rin
Ka|jak, der
die Ka|jaks
Ka|kao, der
Kak|tus, der
dic Kak|teen
Kalb, das
die Käl|ber
das Kälb|chen

A
B
C
D
E
F
G
H
I
J
K
L
M
N
O
P
Qu
R
S
T
U
V
W
X
Y
Z

Kal bis kaputt

Ka|len|der, der
   die Ka|len|der
kalt
   käl|ter, am käl|tes|ten
   die Käl|te, sich er|käl|ten
kam → kommen
Ka|mel, das
   die Ka|me|le
Ka|me|ra, die
   die Ka|me|ras
Ka|mil|le, die
   der Ka|mil|len|tee
Ka|min, der
   die Ka|mi|ne
Kamm, der
   die Käm|me
käm|men
   sie kämmt sich
Kam|mer, die
   die Kam|mern
Kampf, der
   die Kämp|fe
   kämp|fen, kämpft
Ka|nal, der
   die Ka|nä|le
   die Ka|na|li|sa|ti|on
Kan|dis, der
   der Kan|dis|zu|cker

Kän|gu|ru, das
   die Kän|gu|rus
Ka|nin|chen, das
   die Ka|nin|chen
kann → können
Kan|ne, die
   die Kan|nen
kann|te → kennen
Ka|non, der
   die Ka|nons
   wir singen einen Kanon
Ka|nu, das
   die Ka|nus
Ka|pel|le, die
   die Ka|pel|len
   (Kirche, Musikgruppe)
ka|pie|ren
   sie kapiert (versteht) es
Ka|pi|tän, der
   die Ka|pi|tä|ne
Ka|pi|tel, das
   die Ka|pi|tel
Kap|pe, die
   die Kap|pen
ka|putt
   *sie wollen sich
   kaputtlachen
   er soll das nicht kaputt
   machen*

Kap bis Kau

Ka|pu|ze, die
die Ka|pu|zen
ka|riert
mein blau kariertes
Hemd
Ka|ri|es, die
(Zahnkrankheit)
Kar|ne|val, der
Ka|rot|te, die
die Ka|rot|ten
Kar|te, die
die Kar|ten
Kar|tei, die
die Kar|tei|en
Kar|tof|fel, die
die Kar|tof|feln
die Kar|tof|fel|chips
Kar|ton, der
die Kar|tons
Ka|rus|sell, das
die Ka|rus|sells
auch: die Ka|rus|sel|le
Kä|se, der
Kas|per, der
die Kas|per
das Kas|per|le
das Kas|per|le|the|ater

Kas|se, die
die Kas|sen
kas|sie|ren, kas|siert
Kas|set|te, die
die Kas|set|ten
der Kas|set|ten|re|kor|der
auch:
der Cas|set|ten|re|cor|der
Kas|ta|nie, die
die Kas|ta|ni|en
Kas|ten, der
die Käs|ten
Ka|ter, der
die Ka|ter
Kat|ze, die
die Kat|zen
das Kätz|chen
kau|en
sie kaut
kau|fen
er kauft
der Kauf, die Käu|fer
die Kauf|frau,
der Kauf|mann
Kau|gum|mi, der
auch: das Kau|gum|mi,
die Kau|gum|mi(s)

139

Kaul bis Kick

Kaul|quap|pe, die
die Kaul|quap|pen
kaum
das ist kaum zu glauben
Kauz, der
die Käu|ze
das Käuz|chen
Ke|gel, der
die Ke|gel
ke|geln, sie ke|gelt
die Ke|gel|bahn
keh|ren
er kehrt
kei|men
es keimt
der Keim, die Kei|me
kein
kei|ne, kei|ner, kei|nes,
kei|nem, kei|nen
ich habe keinen Hunger
Keks, der
die Kek|se
Kel|le, die
die Kel|len
Kel|ler, der
die Kel|ler

ken|nen
sie kennt, kann|te,
hat ge|kannt
sich ken|nen|ler|nen
Kerl, der
die Ker|le
Kern, der
die Ker|ne
Ker|ze, die
die Ker|zen
Kes|sel, der
die Kes|sel
Ket|chup, der *oder* das
auch: das Ket|schup
Ket|te, die
die Ket|ten
keu|chen
er keucht
Keuch|hus|ten, der
Keu|le, die
die Keu|len
Key|board, das
die Key|boards
ki|chern
sie ki|chert
Kick|board, das
die Kick|boards

140

ki bis Klam

ki|cken
  er kickt
  der Ki|cker
Kie|fer, der
  (Körperteil)
Kie|fer, die
  die Kie|fern (Baum)
Kie|sel|stein, der
  die Kie|sel|stei|ne
Ki|lo, das
  die Ki|los
  Ki|lo|byte (KB)
  Ki|lo|gramm (kg)
  Ki|lo|me|ter (km)
  Ki|lo|watt (kW)
Kind, das
  die Kin|der
  der Kin|der|gar|ten
  kind|lich
Kinn, das
  die Kin|ne
Ki|no, das
  die Ki|nos
Ki|osk, der
  die Ki|os|ke
kip|pen
  er kippt

Kir|che, die
  die Kir|chen
  kirch|lich
  der Kirch|turm
Kir|sche, die
  die Kir|schen
Kis|sen, das
  die Kis|sen
Kis|te, die
  die Kis|ten
kit|zeln
  es kit|zelt
  kitz|lig
Klacks, der
  das war nur ein Klacks
kläf|fen
  er kläfft
  der Kläf|fer
kla|gen
  sie klagt
  die Kla|ge
Kla|mauk, der
  (Ulk, Krach)
Klam|mer, die
  die Klam|mern
  sich klam|mern
Kla|mot|ten, die
  (Kleidungsstücke)

141

Klang bis Klima

Klang, der
die Klän|ge
klang → klingen
Klap|pe, die
die Klap|pen
klap|pen
es klappt morgen
klap|pern
es klappert laut
klar
kla|rer, am klars|ten
Klas|se, die
die Klas|sen
der Klas|sen|leh|rer,
die Klas|sen|leh|re|rin
der Klas|sen|raum
das ist klasse (toll)
klat|schen
sie klatscht in die Hände
klau|en
er klaut (stiehlt) Äpfel
Kla|vier, das
die Kla|vie|re
kle|ben
es klebt
der Kle|ber, kleb|rig
kle|ckern
das Baby kleckert

Klecks, der
die Kleck|se
kleck|sen
er kleckst
Klee, der
das Klee|blatt,
die Klee|blät|ter
Kleid, das
die Klei|der
die Klei|dung
sich klei|den
klein
klei|ner, am kleins|ten
die Klei|nen
klem|men
es klemmt
die Klem|me
klet|tern
sie klet|tert
Klick, der
die Klicks
kli|cken, er klickt
an|kli|cken
der Dop|pel|klick
Kli|ma, das
kli|ma|tisch

142

klin bis **kne**

klin|geln
es klin|gelt
die Klin|gel
klin|gen
es klingt, klang,
hat ge|klun|gen
der Klang
Kli|nik, die
(Krankenhaus)
die Kin|der|kli|nik
Klin|ke, die
die Klin|ken
die Tür|klin|ke
klir|ren
die Scheibe klirrt
Klo, das
die Klos
klop|fen
es klopft
an|klop|fen
Klops, der
die Klop|se
Kloß, der
die Klö|ße
Klotz, der
die Klöt|ze
das Klötz|chen

klug
klü|ger, am klügs|ten
die Klug|heit
knab|bern
er knab|bert
kna|cken
es knackt
der Knacks
knal|len
es knallt, der Knall
knapp
knap|per,
am knapps|ten
er ist knapp (fast)
10 Jahre alt
knar|ren
es knarrt
knat|tern
es knat|tert
Knäu|el, das
die Knäu|el
knei|fen
sie kneift
kne|ten
er kne|tet
die Kne|te

143

kni bis Kohl

kni|cken
sie knickt das Papier
ab|kni|cken
der Knick
Knie, das
die Knie
knien, er kniet
Kniff, der
die Knif|fe
knif|fen, kniff|lig
knip|sen
er knipst
knir|schen
mit den Zähnen knir-
schen
knis|tern
es knis|tert
Knö|chel, der
die Knö|chel
Kno|chen, der
die Kno|chen
kno|chig
Knö|del, der
die Knö|del
Knol|le, die
die Knol|len
Knopf, der
die Knöp|fe
knöp|fen, sie knöpft

Knos|pe, die
die Knos|pen
Kno|ten, der
die Kno|ten
kno|ten, er kno|tet
knuf|fen
er knufft sie
knül|len
sie zerknüllt das Papier
knüp|fen
er knüpft
knur|ren
der Hund knurrt
knus|prig
knus|pri|ger,
am knus|prigs|ten
Ko|bold, der
die Ko|bol|de
ko|chen
sie kocht,
der Koch, die Kö|chin,
die Kö|che
Kof|fer, der
die Kof|fer
Kohl, der
der Kohl|ra|bi
der Rot|kohl

Kohle bis **Kork**

Koh|le, die
  die Koh|len
Ko|met, der
  die Ko|me|ten

ko|misch
  ko|mi|scher,
  am ko|mischs|ten
Kom|ma, das
  die Kom|mas
kom|men
  er kommt, kam,
  ist ge|kom|men
Kom|mu|ni|on, die
Kom|pass, der
  die Kom|pas|se
kom|pli|ziert
  das ist kompliziert
  (sehr schwierig)
Kom|post, der
Kom|pott, das
Kon|fet|ti, das
Kon|fir|ma|ti|on, die
  kon|fir|mie|ren
Kö|nig, der
  die Kö|ni|gin,
  die Kö|ni|ge

kön|nen
  sie kann, konn|te,
  hat ge|konnt,
  sie könn|te
Kon|so|nant, der (Mitlaut)
  die Kon|so|nan|ten
kon|zen|trie|ren
  sie kann sich nicht
  konzentrieren (nicht
  aufmerksam sein)
Kon|zert, das
  die Kon|zer|te
Kopf, der
  die Köp|fe
  die Kopf|schmer|zen
  kopf|rech|nen
  kopf|ste|hen
Ko|pie, die
  die Ko|pi|en
  ko|pie|ren,
  er ko|piert
Korb, der
  die Kör|be
Kor|del, die
  die Kor|deln
Kor|ken, der
  die Kor|ken

Korn bis Krapf

Korn, das
die Kör|ner
Kör|per, der
die Kör|per
kör|per|lich
Kor|rek|tur, die
die Kor|rek|tu|ren
sie korrigiert (berichtigt)
ihre Fehler
kos|ten
das kostet viel Geld
er kostet (probiert)
die Marmelade
köst|lich
köst|li|cher,
am köst|lichs|ten
Kos|tüm, das
die Kos|tü|me
Ko|te|lett, das
die Ko|te|letts
krab|beln
der Käfer krabbelt
Krach, der
die Krä|che
kra|chen, es kracht
kräch|zen
der Rabe krächzt

Kraft, die
die Kräf|te
kräftig
kräf|tig, kräf|ti|ger,
am kräf|tigs|ten
Kra|gen, der
die Kra|gen
Krä|he, die
die Krä|hen
krä|hen
der Hahn kräht
Kral|le, die
die Kral|len
Kram, der
kra|men, er kramt
Kran, der
die Krä|ne
krank
krän|ker, am kränks|ten
krank sein
kränk|lich
der Kran|ke
das Kran|ken|haus
die Krank|heit
Kranz, der
die Krän|ze
Krap|fen, der
die Krap|fen

146

kratz bis Kröte

krat|zen
 es kratzt im Hals
 der Krat|zer
krau|len
 er krault
kraus
 sie hat krause (lockige)
 Haare
Kraut, das
 die Kräu|ter
Krei|de, die
 die Krei|den
Kreis, der
 die Krei|se
 der Krei|sel
Krem(e), die
 auch: die Creme
Krepp|pa|pier, das
Kreuz, das
 die Kreu|ze
Kreu|zung, die
 kreu|zen, kreuzt
krib|beln
 es kribbelt mir im Bauch
krie|chen
 er kriecht, kroch,
 ist ge|kro|chen
Krieg, der
 die Krie|ge

krie|gen
 er kriegt, krieg|te,
 hat ge|kriegt
 er kriegte es mit der
 Angst
Kri|mi, der
 die Kri|mis
Krin|gel, der
 die Krin|gel
 sich krin|geln
 ge|krin|gelt
Krip|pe, die
 die Krip|pen
 das Krip|pen|spiel
krit|zeln
 sie krit|zelt
 die Krit|ze|lei
kroch → kriechen
Kro|ko|dil, das
 die Kro|ko|di|le
Kro|kus, der
 die Kro|kus|se
Kro|ne, die
 die Kro|nen
Krö|te, die
 die Krö|ten
 die Krö|ten|wan|de|rung

147

Krug bis kusch

Krug, der
  die Krü|ge
krumm
  krum|mer,
  am krumms|ten
Kü|che, die
  die Kü|chen
  der Kü|chen|tisch
Ku|chen, der
  die Ku|chen
Ku|ckuck, der
  die Ku|cku|cke
Ku|gel, die
  die Ku|geln
  das Kü|gel|chen
  der Ku|gel|schrei|ber
Kuh, die
  die Kü|he
kühl
  küh|ler, am kühls|ten
  küh|len, kühlt
  der Kühl|schrank
Kü|ken, das
  die Kü|ken
Ku|li, der
  die Ku|lis
Ku|lis|se, die
  die Ku|lis|sen

Kum|mer, der
küm|mern
  die Mutter kümmert sich
  um mich (sorgt für mich)
Kun|de, der
  die Kun|den,
  die Kun|din
Kunst, die
  die Küns|te
  das Kunst|stück
  künst|lich
Kür|bis, der
  die Kür|bis|se
Kurs, der
  der Kur|sus
  die Kur|se
  sie nimmt an einem
  Skikurs teil
Kur|ve, die
  die Kur|ven
  kur|vig
kurz
  kür|zer, am kür|zes|ten
  vor Kur|zem, kürz|lich
ku|scheln
  er ku|schelt
  ku|sche|lig
  das Ku|schel|tier

Ku bis **lahm**

Ku|si|ne, die
die Ku|si|nen
auch: die Cou|si|ne
Kuss, der
die Küs|se
küs|sen, er küsst
Küs|te, die
die Küs|ten

L/l

lä|cheln
sie lä|chelt
das Lä|cheln
lä|cher|lich
la|chen
sie lacht
das La|chen
das ist zum Lachen
la|den
ich la|de, du lädst,
er lädt, lud,
hat ge|la|den
er lädt sie ein
La|den, der
die Lä|den
lädt ein → einladen
lag → liegen
La|ge, die
die La|gen
in der Lage sein
La|ger, das
die La|ger
lahm
lah|men
das Pferd lahmt

149

Lak bis Laub

A B C D E F G H I J K L M N O P Qu R S T U V W X Y Z

La|krit|ze, die
Lamm, das
  die Läm|mer
Lam|pe, die
  die Lam|pen
Land, das
  die Län|der
  die Land|schaft
lan|den
  er lan|det
  die Lan|dung
lang
  län|ger,
  am längs|ten
  die Län|ge
lan|gen
  es langt (reicht) mir jetzt!
lang|sam
  lang|sa|mer,
  am lang|sams|ten
längst
  sie hat längst genug
lang|wei|lig
  lang|wei|li|ger,
  am lang|wei|ligs|ten
  die Lan|ge|wei|le
Lap|pen, der
  die Lap|pen

Lap|top, der
  die Lap|tops
Lärm, der
  lär|men, es lärmt
las → lesen
las|sen
  du lässt, sie lässt, ließ,
  hat ge|las|sen
  du lässt mich in Ruhe!
läs|sig
  läs|si|ger, am läs|sigs|ten
  nach|läs|sig
Last, die
  die Las|ten
Last|kraft|wa|gen, der
  die Last|kraft|wa|gen
  der Las|ter
La|ter|ne, die
  die La|ter|nen
Lat|te, die
  die Lat|ten
lau
  lau|warm
Laub, das
  der Laub|baum,
  die Laub|bäu|me
  der Laub|wald
  be|laubt

150

Laube bis legen

Lau|be, die
die Lau|ben
die Gar|ten|lau|be
lau|ern
er lau|ert
er liegt auf der Lauer
lau|fen
er läuft, lief,
ist ge|lau|fen
der Lauf
der Läu|fer, die Läu|fe|rin
Lau|ne, die
die Lau|nen
lau|nisch
ich habe gute Laune
Laus, die
die Läu|se
laut
lau|ter, am lau|tes|ten
der Laut|spre|cher
Laut, der
die Lau|te
läu|ten
es läu|tet, läu|te|te,
hat ge|läu|tet
La|wi|ne, die
die La|wi|nen

Le|ben, das
die Le|ben
das Le|bens|mit|tel
le|ben, sie lebt
le|ben|dig
Le|ber, die
die Le|bern
die Le|ber|wurst
Leb|ku|chen, der
die Leb|ku|chen
le|cken
sie leckt
le|cker
le|cke|rer,
am le|ckers|ten
Le|cker|bis|sen, der
Le|der, das
die Le|der|ho|se
leer
lee|ren, er leert
die Leer|tas|te
le|gen
sie legt, leg|te,
hat ge|legt
*sie legte das Buch auf
den Tisch*

A
B
C
D
E
F
G
H
I
J
K
L
M
N
O
P
Qu
R
S
T
U
V
W
X
Y
Z

151

Leg bis Leit

Le|gen|de, die
die Le|gen|den
Leg|gings, die
auch: die Leg|gins
Lehm, der
leh|nen
sie lehnt sich an
die Leh|ne
leh|ren
er lehrt
der Leh|rer, die Leh|rer
die Leh|re|rin,
die Leh|re|rin|nen
Leib, der
die Lei|ber
Lei|che, die
die Lei|chen
leicht
leich|ter,
am leich|tes|ten
leicht|sin|nig
Leicht|ath|le|tik, die
die Leicht|ath|le|ten
Leid, das
die Lei|den
lei|den, sie lei|det, litt,
hat ge|lit|ten
es tut mir leid

lei|der
*ich habe leider keine
Zeit*
lei|hen
er leiht, lieh,
hat ge|lie|hen
leihst du mir dein Buch?
Lei|ne, die
die Lei|nen
den Hund anleinen
lei|se
lei|ser, am lei|ses|ten
Leis|te, die
die Leis|ten
leis|ten
sie leis|tet
die Leis|tung
lei|ten
er lei|tet
der Lei|ter,
die Lei|te|rin
die Lei|tung
Lei|ter, die
die Lei|tern
Lei|tung, die
die Lei|tun|gen
das Lei|tungs|netz

152

lenk bis Lied

len|ken
er lenkt
der Len|ker
das Lenk|rad
die Lenk|stan|ge
Leo|pard, der
die Leo|par|den
Le|po|rel|lo, das
die Le|po|rel|los
Ler|che, die
die Ler|chen
ler|nen
sie lernt, lern|te,
hat ge|lernt
le|sen
er liest, las,
hat ge|le|sen
das Le|se|buch
le|ser|lich
letzte/Letzte →
leuch|ten
es leuch|tet
der Leuch|ter
der Leucht|turm
Leu|te, die
Le|xi|kon, das
die Le|xi|ka

Li|bel|le, die
die Li|bel|len
Licht, das
die Lich|ter
Lid, das
die Li|der
das Au|gen|lid
lieb
lie|ber, am liebs|ten
Lie|be, die
lie|ben, liebt
er ist verliebt
Lied, das
die Lie|der
das Lie|der|buch

→ **letzte/Letzte**

Kleinschreibung
das letzte Mal
letztes Mal
zum letzten Mal
der letzte Patient

Großschreibung
sie wurde Letzte
er kam als Letzter

153

lief bis locken

lief → laufen
lie|fern
  sie lie|fert
  die Lie|fe|rung
lie|gen
  sie liegt, lag,
  hat ge|le|gen
  die Lie|ge
  das Buch lag auf dem
  Tisch
lieh → leihen
ließ → lassen
liest → lesen
li|la
  ein li|la Pul|li
  das Li|la meines Pullis
Li|mo|na|de, die
  die Li|mo|na|den
Lin|de, die
  die Lin|den
Li|ne|al, das
  die Li|ne|ale
  die Li|ne|atur
Li|nie, die
  die Li|ni|en
Link, der
  die Links

links
  mit links, von links
  die linke Hand
Lip|pe, die
  die Lip|pen
Lis|te, die
  die Lis|ten
Li|ter, der
  auch: das Li|ter,
  die Li|ter (*kurz:* l)
Li|te|ra|tur, die
  (Dichtung)
litt → leiden
LKW, der
  kurz für:
  Last|kraft|wa|gen
live
  die Live|sen|dung
Lob, das
  lo|ben, sie lobt
Loch, das
  die Lö|cher
  lo|chen, er locht
Lo|cke, die
  die Lo|cken
lo|cken
  er lockt den Hund heran

154

lock bis **Lust**

lo|cker
sie lässt nicht locker
(gibt nicht nach)
Löf|fel, der
die Löf|fel
löf|feln, sie löf|felt
log → lügen
lo|gisch
das ist doch logisch (klar)
Lohn, der
die Löh|ne
sich loh|nen
Lo|ko|mo|ti|ve, die
die Lo|ko|mo|ti|ven
kurz: die Loks
Lol|li, der
die Lol|lis
los
hier ist nichts los
Los, das
die Lo|se
lo|sen, sie lost
lo|se
lo|ser, am lo|ses|ten
lö|schen
du löschst,
er löscht
das Lösch|blatt

lö|sen
er löst
die Lö|sung
los|las|sen
sie lässt los, ließ los,
hat los|ge|las|sen
Lö|we, der
die Lö|wen
Lö|wen|zahn, der
Lü|cke, die
die Lü|cken
Luft, die
die Lüf|te
der Luft|bal|lon
die Luft|pum|pe
die Lüf|tung, lüf|ten
lü|gen
er lügt, log,
hat ge|lo|gen
die Lü|ge
Lun|ge, die
die Lun|gen
Lu|pe, die
die Lu|pen
Lust, die
ich habe keine Lust

155

lust bis Mahl

lus|tig
lus|ti|ger,
am lus|tigs|ten
lut|schen
du lutschst,
er lutscht
der Lut|scher
Lu|xus, der
das ist Luxus
(nicht unbedingt nötig)

M/m

ma|chen
du machst, sie macht,
mach|te, hat ge|macht
Macht, die
die Mäch|te
mäch|tig
mäch|ti|ger,
am mäch|tigs|ten
Mäd|chen, das
die Mäd|chen
mag → mögen
Ma|gen, der
die Mä|gen
auch: die Ma|gen
ma|ger
ma|ge|rer,
am ma|gers|ten
Mag|net, der
die Mag|ne|ten
mag|ne|tisch
mä|hen
sie mäht
der Mäh|dre|scher
Mahl, das
die Mahl|zeit

mah bis man

mah|len
er mahlt, mahl|te,
hat ge|mah|len
der Kaffee wird gemahlen
aber: *ein Bild malen*

Mäh|ne, die
die Mäh|nen

mah|nen
sie mahnt,
mahn|te,
hat ge|mahnt
die Er|mah|nung

Mai, der
der Mai|baum
das Mai|glöck|chen

mai|len
mailt → E-Mail

Mais, der

Mak|ka|ro|ni, die

mal/Mal →

ma|len
sie malt, mal|te,
hat ge|malt
der Ma|ler, die Ma|ler,
die Ma|le|rin
sie hat ein Bild gemalt
aber: *Kaffee mahlen*

Ma|ma, die
die Ma|mas

Mam|mut, das
die Mam|mu|te
auch: die Mam|muts

mamp|fen
er mampft

man
das tut man nicht

→ **mal/Mal**

Kleinschreibung
auf einmal
diesmal
einmal
noch einmal
malnehmen

Großschreibung
jedes Mal
das erste Mal
zum ersten Mal
dieses Mal
viele Male
ein paar Mal
auch: paarmal

157

manch bis Masse

manch
man|che, man|cher,
man|ches, manch|mal,
man|ches Mal
Man|da|ri|ne, die
die Man|da|ri|nen
Man|del, die
die Man|deln
Man|gel, der
die Män|gel
man|gel|haft
Mann, der
die Män|ner
die Mann|schaft
männ|lich
Man|tel, der
die Män|tel
Map|pe, die
die Map|pen
Mär|chen, das
die Mär|chen
das Mär|chen|buch
mär|chen|haft
Mar|ga|ri|ne, die
Mar|ge|ri|te, die
die Mar|ge|ri|ten
Ma|ri|en|kä|fer, der
die Ma|ri|en|kä|fer

Mar|ke, die
die Mar|ken
Mar|ker, der
mar|kie|ren
Markt, der
die Märk|te
Mar|me|la|de, die
die Mar|me|la|den
die Erd|beer|mar|me|la|de
mar|schie|ren
am Morgen
marschierten wir los
März, der
Mar|zi|pan, das
Ma|sche, die
die Ma|schen
Ma|schi|ne, die
die Ma|schi|nen
Ma|sern, die
Mas|ke, die
die Mas|ken
mas|kie|ren
maß → messen
Maß, das
die Ma|ße
Maß neh|men
der Maß|stab
Mas|se, die
die Mas|sen

158

Mast bis Meise

Mast, der
  die Mas|ten
Ma|te|ri|al, das
  die Ma|te|ri|ali|en
Ma|the|ma|tik, die
  ma|the|ma|tisch
Ma|trat|ze, die
  die Ma|trat|zen
Matsch, der
  mat|schen
matt
  mat|ter, am mat|tes|ten
  die Mat|tig|keit
  er war matt (erschöpft)
  vom Training
Mat|te, die
  die Mat|ten
Mau|er, die
  die Mau|ern
Maul, das
  die Mäu|ler
Maul|wurf, der
  die Maul|wür|fe
Maus, die
  die Mäu|se
  das Mäus|chen
  das Maus|pad
  auch: das Mouse|pad

me|ckern
  sie me|ckert
Me|dail|le, die
  die Me|dail|len
Me|di|en, die
Me|di|ka|ment, das
  die Me|di|ka|men|te
Me|di|zin, die
Meer, das
  die Mee|re
Meer|schwein|chen, das
  die Meer|schwein|chen
Me|ga|byte, das
  (kurz: MB)
Mehl, das
  meh|lig
mehr
  ich habe keine Zeit mehr
mein
  mei|ne, mei|nem,
  mei|nen, mei|ner,
  mei|nes
mei|nen
  er meint das nicht so
Mei|nung, die
  die Mei|nun|gen
Mei|se, die
  die Mei|sen

meist bis Miene

meist
  am meis|ten
  das meis|te
  meis|tens
Meis|ter, der
  die Meis|ter,
  die Meis|te|rin
mel|den
  er meldet sich
  die Mel|dung
mel|ken
  er melkt
  die Kuh wird
  gemolken
Me|lo|die, die
  die Me|lo|di|en
Me|lo|ne, die
  die Me|lo|nen
Me|mo|ry, das
  die Me|mo|rys
Men|ge, die
  die Men|gen
Mensch, der
  die Men|schen
  die Mensch|heit
  mensch|lich

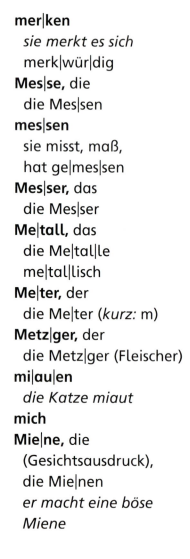

mer|ken
  sie merkt es sich
  merk|wür|dig
Mes|se, die
  die Mes|sen
mes|sen
  sie misst, maß,
  hat ge|mes|sen
Mes|ser, das
  die Mes|ser
Me|tall, das
  die Me|tal|le
  me|tal|lisch
Me|ter, der
  die Me|ter (*kurz:* m)
Metz|ger, der
  die Metz|ger (Fleischer)
mi|au|en
  die Katze miaut
mich
Mie|ne, die
  (Gesichtsausdruck),
  die Mie|nen
  er macht eine böse
  Miene

mies bis Mit

mies
mie|ser,
am mie|ses|ten
er hat miese (schlechte)
Laune
Mie|te, die
die Mie|ten
die Mie|ter
Mik|ro|fon, das
die Mik|ro|fo|ne
Mik|ro|skop, das
die Mik|ro|sko|pe
Milch, die
mild
mil|der, am mil|des|ten
es ist mildes (warmes)
Wetter
Mil|li|me|ter, der
die Mil|li|me|ter
(*kurz:* mm)
Mil|li|on, die
die Mil|li|o|nen
min|des|tens
Mi|ne, die
die Mi|nen
die Ku|gel|schrei|ber|mi|ne

mi|nus (weniger)
das Mi|nus|zei|chen
Mi|nu|te, die
die Mi|nu|ten
mir
mi|schen
du mischst, sie mischt
die Mi|schung
Mist, der
der Mist|hau|fen
mit
mit|ar|bei|ten
mit|ein|an|der
sie spielen miteinander
mit|fah|ren
er fährt mit, fuhr mit,
ist mit|ge|fah|ren
mit|kom|men
sie kommt mit, kam mit,
ist mit|ge|kom|men
Mit|leid, das
mit|lei|dig
mit|ma|chen
Mit|schü|ler, der
die Mit|schü|ler,
die Mit|schü|le|rin

Mit bis mog

Mittag/mittags →
der Mit|tag,
die Mit|ta|ge
mit|tags
Mit|te, die
mit|ten, mit|ten|drin
mit|tei|len
sie teilt mit
Mit|tei|lung, die
die Mit|tei|lun|gen
Mit|tel, das
die Mit|tel
Mit|ter|nacht, die
die Mit|ter|näch|te
mit|ter|nächt|lich
Mittwoch/mittwochs →
der Mitt|woch,
die Mitt|wo|che
mitt|wochs
mi|xen
sie mixt
der Mi|xer
Mö|bel, das
die Mö|bel
möch|te → mö|gen

Mo|de, die
die Mo|den
die Mo|den|schau
Mo|del, das
die Mo|dels
Mo|dell, das
die Mo|del|le
die Mo|dell|ei|sen|bahn
Mo|dem, das
die Mo|dems
mo|dern
mo|der|ner,
am mo|derns|ten
mo|geln
er mo|gelt
die Mo|ge|lei

→ **Mittag/mittags**

Großschreibung
am Mittag
heute Mittag
der Dienstagmittag

Kleinschreibung
mittags
dienstagmittags

mögen bis Mons

mö|gen
ich mag, du magst,
er mag, moch|te,
möch|te,
hat ge|mocht
ich mag das nicht
ich möchte mitspielen
mög|lich
mög|lichst
al|les Mög|li|che
die Mög|lich|keit
Mohn, der
Möh|re, die
die Möh|ren
Mohr|rü|be, die
die Mohr|rü|ben
mol|lig
es ist mollig warm
er ist etwas mollig
(rundlich)
Mo|ment, der
die Mo|men|te
einen Moment, bitte!
Mo|nat, der
die Mo|na|te
mo|na|te|lang
mo|nat|lich

Mond, der
die Mon|de
Mo|ni|tor, der
die Mo|ni|to|re
auch: die Mo|ni|to|ren
Mons|ter, das
die Mons|ter

→ **Mittwoch/mittwochs**

Großschreibung
der Mittwoch
am Mittwoch
jeden Mittwoch
der Mittwochmittag

Kleinschreibung
mittwochs
mittwochmittags

163

Mon bis müde

Montag/montags →
  der Mon|tag,
  die Mon|ta|ge
  mon|tags
Mon|ta|ge, die
  die Mon|ta|gen
  mon|tie|ren, mon|tiert
  der Mon|teur
Moor, das
  die Moo|re
Moos, das
  die Moo|se
  moos|grün
Mord, der
  die Mor|de
  der Mör|der
mor|gen
  mor|gen Abend
  bis mor|gen
  der mor|gi|ge Tag
  ich komme morgen
Morgen/morgens →
  der Mor|gen,
  die Mor|gen
  mor|gens
Mos|lem, der → Muslim
Mo|tor, der
  die Mo|to|ren

mot|zen
  er motzt
Moun|tain|bike, das
  die Moun|tain|bikes
Mouse|pad, das
  auch: das Maus|pad,
  die Mouse|pads
Mö|we, die
  die Mö|wen
Mü|cke, die
  die Mü|cken
mü|de
  mü|der, am mü|des|ten
  die Mü|dig|keit

→ **Montag/montags**

Großschreibung
der Montag
am Montag
jeden Montag
der Montagabend

Kleinschreibung
montags
montagmittags
montagabends

Mü|he, die
  die Mü|hen
  sich mü|hen
  mü|he|los
  müh|sam
Müh|le, die
  die Müh|len
Müll, der
  die Müll|de|po|nie
  die Müll|ton|ne
Mül|ler, der
  die Mül|ler,
  die Mül|le|rin
Mund, der
  die Mün|der
  münd|lich
Mün|dung, die
  die Mün|dun|gen
  mün|den
mun|ter
  mun|te|rer,
  am mun|ters|ten
Mün|ze, die
  die Mün|zen
Mur|mel, die
  die Mur|meln

mur|meln
  *sie murmelt etwas
  vor sich hin (spricht
  undeutlich)*
Mur|mel|tier, das
  die Mur|mel|tie|re
mur|ren
  sie murrt
  mür|risch
Mus, das
  das Ap|fel|mus
Mu|schel, die
  die Mu|scheln
Mu|se|um, das
  die Mu|se|en

→ **Morgen/morgens**

Großschreibung
am Morgen
eines Morgens
heute Morgen
der Dienstagmorgen
guten Morgen

Kleinschreibung
morgens
dienstagmorgens
morgens und abends

Music bis nach

Mu|si|cal, das
  die Mu|si|cals
Mu|sik, die
  der Mu|si|kant
  die Mu|sik|grup|pe
  mu|si|zie|ren, mu|si|ziert
Mus|kel, der
  die Mus|keln
  mus|ku|lös
Müs|li, das
Muslim, der
  die Mus|li|me,
  die Mus|li|ma
  (Anhänger des Islams)
müs|sen
  du musst,
  sie muss, muss|te,
  hat ge|musst
Mus|ter, das
  die Mus|ter
Mut, der
  mu|tig, mu|ti|ger,
  am mu|tigs|ten
Mut|ter, die
  die Müt|ter
  müt|ter|lich
Müt|ze, die
  die Müt|zen

N/n

na
  na ja! na und?
Na|be, die
  die Na|ben
Na|bel, der
  die Na|bel
  der Bauch|na|bel
nach
  ich fahre nach Köln
nach|ah|men
  er ahmt etwas nach
  die Nach|ah|mung
Nach|bar, der
  die Nach|barn,
  die Nach|ba|rin
nach|dem
  nachdem ich gegessen
  hatte, ging ich spielen
nach|den|ken
  er denkt nach,
  dach|te nach,
  hat nach|ge|dacht
  nach|denk|lich
nach|ein|an|der
  sie kommen nach-
  einander

nach bis näch

nach Hau|se
auch: nach|hau|se
der Nach|hau|se|weg
nach|her
Nach|hil|fe, die
der Nach|hil|fe-
un|ter|richt
nach|ho|len
sie holt nach
Nachmittag/
nachmittags →
der Nach|mit|tag,
die Nach|mit|ta|ge
nach|mit|tags
Nach|na|me, der
die Nach|na|men
mein Nachname
(Familienname) ist
Müller
Nach|richt, die
die Nach|rich|ten
nach|schla|gen
er schlägt nach,
schlug nach,
hat nach|ge|schla|gen
im Wörterbuch nach-
schlagen
nächste/Nächste →

→ **Nachmittag/**
nachmittags

Großschreibung
am Nachmittag
eines Nachmittags
heute Nachmittag
am Dienstag-
nachmittag

Kleinschreibung
nachmittags
dienstagnachmittags

→ **nächste/Nächste**

Kleinschreibung
das nächste Mal
nächstes Mal
der nächste Tag
die nächste Zeit

Großschreibung
wer ist der Nächste
die Nächste

Nacht bis nass

Nacht/nachts →
 die Nacht,
 die Näch|te
 nachts
Na|cken, der
 die Na|cken
nackt
Na|del, die
 die Na|deln
 der Na|del|baum,
 die Na|del|bäu|me
 na|deln, er na|delt
Na|gel, der
 die Nä|gel
 na|geln, sie na|gelt
na|gen
 es nagt
 das Na|ge|tier
nah
 auch: na|he
 nä|her, am nächs|ten
 die Nä|he
nä|hen
 er näht, die Naht
 die Näh|ma|schi|ne
nahm → nehmen

nä|ren
 das Tier nährt seine
 Jungen
 er|näh|ren
Nah|rung, die
 die Nah|rungs|mit|tel
 nahr|haft
Na|me, der
 die Na|men
 der Na|mens|tag
näm|lich
nann|te → nennen
Napf, der
 die Näp|fe
Nar|be, die
 die Nar|ben
Nar|ko|se, die
 die Nar|ko|sen
na|schen
 er nascht
Na|se, die
 die Na|sen
Nas|horn, das
 die Nas|hör|ner
nass
 nas|ser/näs|ser,
 am nas|ses|ten/
 am näs|ses|ten

Natur bis **Nerv**

Na|tur, die
  der Na|tur|schutz
  na|tür|lich, na|tür|li|cher,
  am na|tür|lichs|ten
Ne|an|der|ta|ler, der
  die Ne|an|der|ta|ler
Ne|bel, der
  die Ne|bel
  neb|lig, *auch:* ne|bel|ig
ne|ben
  ne|ben|an, ne|ben|bei
ne|ben|ein|an|der
  sie sitzen neben-
  einander
ne|cken
  sie neckt ihn
Nef|fe, der
  die Nef|fen
neh|men
  sie nimmt, nahm,
  hat ge|nom|men
nei|disch,
  nei|di|scher,
  am nei|dischs|ten
  der Neid
nei|gen
  sie neigt sich
  die Nei|gung

nein
  nein sa|gen
  auch: Nein sa|gen
Nel|ke, die
  die Nel|ken
nen|nen
  er nennt,
  nann|te,
  hat ge|nannt
Nerv, der
  die Ner|ven
  ner|vös
  sie nervt mich

→ **Nacht/nachts**

Großschreibung
zur Nacht
eines Nachts
heute Nacht
es wird Nacht
gute Nacht

Kleinschreibung
nachts
dienstagnachts

Nes bis niedl

Nes|sel, die
die Nes|seln
die Brenn|nes|sel
Nest, das
die Nes|ter
nett
net|ter,
am net|tes|ten
Netz, das
die Net|ze
das Netz|werk
neu
neu|er, am neus|ten
oder: am neu|es|ten
das Neue, die Neuheit
neu|gie|rig
die Neu|gier
neun/Neun ➡
neun|zehn, neun|zig,
neun|hun|dert
nicht
gar nicht
nicht wahr?
Nich|te, die
die Nich|ten
nichts
gar nichts
ni|cken
sie nickt

nie
nie wie|der
nie|der
Nie|der|schlag, der
die Nie|der|schlä|ge
nied|lich
nied|li|cher,
am nied|lichs|ten

➡ **neun/Neun**

Kleinschreibung
neun Jahre alt sein
neun mal zwei
es ist halb neun
neuntens

Großschreibung
die Zahl Neun
eine Neun
er wurde Neunter

Mit Zahl oder ausgeschrieben
neunjährig – 9-jährig
neunmal – 9-mal
am neunten *oder* 9. Mai

niedr bis **Nov**

nied|rig
nied|ri|ger,
am nied|rigs|ten
nie|mals
nie|mand
Nie|re, die
die Nie|ren
nie|sen
sie niest
Nie|te, die
die Nie|ten
Ni|ko|laus, der
der Ni|ko|laus|abend
Nil|pferd, das
die Nil|pfer|de
nimmt → neh|men
nip|pen
er nippt
(trinkt vorsichtig)
nir|gends
nis|ten
der Vogel nistet
der Nist|kasten
Ni|xe, die
die Ni|xen
noch
noch ein|mal
noch nie
noch|mals

No|men, das
(Namenwort)
die No|men
No|mi|na|tiv, der
(Werfall)
Nord|ame|ri|ka
Nor|den, der
nörd|lich, nörd|li|cher,
am nörd|lichs|ten
nör|geln
er nörgelt manchmal
(ist unzufrieden)
nor|mal
Not, die
die Nö|te, der Not|ruf
No|te, die
die No|ten
Note|book, das
die Note|books
no|tie|ren
ich notiere mir etwas
nö|tig
nö|ti|ger,
am nö|tigs|ten
No|tiz, die
die No|tı|zen
No|vem|ber, der

Nu bis **ocker**

Nu
im Nu
nüch|tern
Nu|ckel, der
das Baby nuckelt
Nu|del, die
die Nu|deln
null
null Feh|ler
die Null
Num|mer, die
die Num|mern
num|me|rie|ren
nun
was machen wir nun
(jetzt)?
nur
was hat er nur?
Nuss, die
die Nüs|se
Nüs|tern, die
nüt|zen/nut|zen
es nützt, es nutzt
der Nut|zen
die Nütz|lich|keit
nütz|lich

O/o

o
oh! o ja! o weh!
Oa|se, die
die Oa|sen
ob
ob das wohl reicht?
Ob|acht, die
Ob|acht ge|ben
oben
oben blei|ben
ober|fläch|lich
die Ober|flä|che
Ober|schen|kel, der
die Ober|schen|kel
Ob|jekt, das
(Satzergänzung)
Obst, das
ob|wohl
obwohl ich mich beeilt
habe, bin ich nicht
fertig geworden
Och|se, der
die Och|sen
ocker
der Sand hat eine
ocker Farbe

172

öde bis Oper

öde
ein öder (langweiliger)
Tag
oder
Ofen, der
die Öfen
of|fen
of|fe|ner,
am of|fens|ten
die Of|fen|heit
die Öf|fent|lich|keit
öf|fent|lich
off|line
(getrennt vom Internet
sein)
öff|nen
er öff|net
die Öff|nung
oft
öf|ter
oh|ne
Ohn|macht, die
sie wurde ohnmächtig
Ohr, das
die Oh|ren
das Ohr|läpp|chen
okay
(richtig, in Ordnung)

Ok|to|ber, der
Öl, das
die Öle
Oli|ve, die
die Oli|ven
Olym|pi|ade, die
die Olym|pi|schen
Spie|le
Oma, die
die Omas
Ome|lett, das
die Ome|let|te
auch: die Ome|letts
Om|ni|bus, der
die Om|ni|bus|se
On|kel, der
die On|kel
on|line
(im Internet sein)
Opa, der
die Opas
Oper, die
die Opern
das Opern|haus
Ope|ra|ti|on, die
die Ope|ra|ti|onen
ope|rie|ren, ope|riert

A
B
C
D
E
F
G
H
I
J
K
L
M
N
O
P
Qu
R
S
T
U
V
W
X
Y
Z

173

Opf bis Ozon

Op|fer, das
die Op|fer
op|fern
op|ti|mis|tisch
Oran|ge, die
die Oran|gen
der Oran|gen|saft
oran|ge
sie trägt ein
orange T-Shirt
Or|ches|ter, das
sie spielt im Schul-
orchester
or|dent|lich
or|dent|li|cher,
am or|dent|lichs|ten
ord|nen
sie ord|net
der Ord|ner, die Ord|ner
Ord|nung, die
Or|gel, die
die Or|geln
Ori|gi|nal, das
die Ori|gi|na|le
ori|gi|nell
Or|kan, der
die Or|ka|ne

Ort, der
die Or|te
Os|ten, der
öst|lich, öst|li|cher,
am öst|lichs|ten
Os|tern
das Os|ter|ei
das Os|ter|fest
ös|ter|lich
Ös|ter|reich
ös|ter|rei|chisch
die Ös|ter|rei|cher
out
das ist out (unmodern)
oval
die ova|le Form
ein gro|ßes Oval
Over|all, der
die Over|alls
Oze|an, der
die Oze|ane
Ozon, das
auch: der Ozon
das Ozon|loch

174

P/p

paar
ein paar Leute (einige)
Paar, das
die Paa|re
ein Paar Socken (zwei)
ein Pär|chen
Päck|chen, das
die Päck|chen
pa|cken
er packt
pad|deln
sie pad|delt
das Pad|del|boot
Pa|ket, das
die Pa|ke|te
Pam|pel|mu|se, die
die Pam|pel|mu|sen
Pan|da, der
die Pan|das
Pa|nik, die
*sie brachen in Panik
(große Angst) aus*
Pan|ne, die
die Pan|nen

pan|schen
*sie panschten im
Wasser*
Pan|ther, der
auch: der Pan|ter
die Pan|ther
Pan|tof|fel, der
die Pan|tof|feln
Pan|to|mi|me, die
der Pan|to|mi|me,
die Pan|to|mi|min
pan|to|mi|misch
Pa|pa, der
die Pa|pas
Pa|pa|gei, der
die Pa|pa|gei|en
Pa|pier, das
die Pa|pie|re
Pap|pe, die
die Pap|pen
Pap|ri|ka, die
die Pap|ri|ka|scho|te
Pa|ra|dies, das
die Pa|ra|die|se
Park, der
die Parks
Par|ka, der
die Par|kas

park bis Perle

par|ken
  sie parkt
Park|platz, der
  die Park|plät|ze
Part|ner, der
  die Part|ner,
  die Part|ne|rin
  das Part|ner|dik|tat
Par|ty, die
  die Par|tys
  die Ge|burts|tags|par|ty
Pass, der
  die Päs|se
pas|sen
  es passt mir nicht
pas|sie|ren
  da ist etwas passiert
Pass|wort, das
  die Pass|wör|ter
Pa|te, der
  die Pa|tin, die Pa|ten
  das Pa|ten|kind
Pa|ti|ent, der
  die Pa|ti|en|ten
  die Pa|ti|en|tin,
  die Pa|ti|en|tin|nen

Pat|zer, der
  die Pat|zer
  pat|zen, pat|zig
pau|ken
  er paukt
  die Pau|ke
Pau|se, die
  die Pau|sen
  pau|sen|los
PC, der
  die PC (*kurz für:*
  Per|so|nal|com|pu|ter)
Pech, das
  er hatte Pech im Spiel
  (kein Glück)
Pe|dal, das
  die Pe|da|le
pein|lich
  pein|li|cher,
  am pein|lichs|ten
Pelz, der
  die Pel|ze
Per|fekt, das
  (Vergangenheitsform)
Per|le, die
  die Per|len

Pers bis pfl

Per|son, die
  die Per|so|nen
  per|sön|lich
Pe|ter|si|lie, die
pet|zen
  sie petzt
Pfad, der
  die Pfa|de
  die Pfad|fin|der
Pfand, das
  die Pfän|der
  die Pfand|fla|sche
Pfan|ne, die
  die Pfan|nen
  der Pfann|ku|chen
Pfef|fer, der
Pfef|fer|min|ze, die
pfei|fen
  sie pfeift, pfiff,
  hat ge|pfif|fen
  die Pfei|fe, der Pfiff
Pfeil, der
  die Pfei|le
Pferd, das
  die Pfer|de
  der Pfer|de|sat|tel
Pfiff, der
  die Pfif|fe

pfif|fig
  pfif|fi|ger,
  am pfif|figs|ten
  (schlau)
Pfings|ten
  das Pfingst|fest
Pfir|sich, der
  die Pfir|si|che
Pflan|ze, die
  die Pflan|zen
  das Pflänz|chen
pflan|zen
  du pflanzt,
  sie pflanzt
Pflas|ter, das
  die Pflas|ter
Pflau|me, die
  die Pflau|men
Pfle|ge, die
  der Pfle|ger,
  die Pfle|ge|rin
  pfle|gen, pflegt
Pflicht, die
  die Pflich|ten
pflü|cken
  er pflückt

Pflug bis Pizza

Pflug, der
die Pflü|ge
pflü|gen,
er pflügt
Pfos|ten, der
die Pfos|ten
Pfo|te, die
die Pfo|ten
das Pföt|chen
pfui
pfui, das tut man nicht!
Pfund, das
die Pfun|de
Pfüt|ze, die
die Pfüt|zen
Phan|ta|sie, die
die Phan|ta|si|en
auch: die Fan|ta|sie
Pi|ckel, der
die Pi|ckel
pick|lig
pi|cken
er pickt
Pick|nick, das
die Pick|nicks
auch: die Pick|ni|cke
pie|pen
der Vogel piept

piep|sen
es piepst
pik|sen (stechen)
es pikst
Pik|to|gramm, das
die Pik|to|gram|me
Pi|lot, der
die Pi|lo|ten,
die Pi|lo|tin
Pilz, der
die Pil|ze
pink
*sie hat ein pink
T-Shirt*
Pinn|wand, die
die Pinn|wän|de
an|pin|nen
Pin|sel, der
die Pin|sel
pin|seln, sie pin|selt
Pin|zet|te, die
die Pin|zet|ten
Pi|rat, der
die Pi|ra|ten
Piz|za, die
die Piz|zen
auch: die Piz|zas
die Piz|ze|ria

PKW bis Pol

PKW, der
kurz für: Personenkraft-
wagen
Pla|kat, das
die Pla|ka|te
Plan, der
die Plä|ne
pla|nen, er plant
Pla|ne, die
die Pla|nen
die Zelt|pla|ne
Pla|net, der
die Pla|ne|ten
plan|schen
du planschst
er planscht
plap|pern
sie plappert alles nach
plär|ren
er plärrt
das Ge|plär|re
Plas|tik, das
(Kunststoff)
plät|schern
es plät|schert
platt
plat|ter, am plat|tes|ten

Plat|te, die
die Plat|ten
plät|ten
*die Mutter plättet
(bügelt)*
Platz, der
die Plät|ze
Plätz|chen, das
die Plätz|chen
plat|zen
es platzt
die Platz|wun|de
plötz|lich
plump|sen
sie plumpst
Plu|ral, der
(Mehrzahl)
plus (mehr)
das Plus|zei|chen
po|chen
es pocht an der Tür
Pol, der
die Po|le
Pol|len
pol|nisch, die Po|len
Po|li|zei, die

179

Pol bis Praxis

Po|li|zist, der
die Polizisten,
die Po|li|zis|tin
Pom|mes, die
(*kurz für:* die Pommes
frites)
Po|ny, das
die Po|nys
Pop, der
die Pop|mu|sik
Pop|corn, das
Po|po, der
die Po|pos
Por|ti|on, die
die Por|ti|onen
eine Portion Eis essen
Port|mo|nee, das
die Port|mo|nees
auch: Por|te|mon|naie
Por|to, das
Por|zel|lan, das
die Por|zel|la|ne
Post, die
das Post|amt
der Post|bo|te,
die Post|bo|tin
die Post|kar|te

Pos|ter, das
auch: der Pos|ter
die Pos|ter
Pracht, die
präch|tig
präch|ti|ger,
am präch|tigs|ten
pracht|voll
Prä|di|kat, das
(Satzaussage)
prah|len
sie prahlt (gibt an)
prak|tisch
prak|ti|scher,
am prak|tischs|ten
Pra|li|ne, die
die Pra|li|nen
Prä|rie, die
die Prä|ri|en
Prä|sens, das
(Gegenwartsform)
pras|seln
das Feuer prasselt
Prä|te|ri|tum, das
(Vergangenheitsform)
Pra|xis, die
die Pra|xen
die Arzt|pra|xis

Preis bis prüg

Preis, der
 die Prei|se
 preis|wert, preis|wer|ter,
 am preis|wer|tes|ten
Pres|se, die
 die Pres|sen
 pres|sen, er presst
pri|ma
 das ist prima (sehr gut)
Prinz, der
 die Prin|zen,
 die Prin|zes|sin
pri|vat
Pro|be, die
 die Pro|ben
 pro|ben, er probt
pro|bie|ren
 sie probiert etwas aus
Pro|blem, das
 die Pro|ble|me
Pro|dukt, das
 die Pro|duk|te
 pro|du|zie|ren
Pro|gramm, das
 die Pro|gram|me
 pro|gram|mie|ren

Pro|jekt, das
 die Pro|jek|te
 der Pro|jekt|un|ter|richt
Pro|no|men, das
 (Fürwort)
 die Pro|no|men
Pro|pel|ler, der
 die Pro|pel|ler
Pro|spekt, der
 die Pro|spek|te
pro|tes|tie|ren
 er protestiert gegen
 etwas
Pro|to|koll, das
 die Pro|to|kol|le
 pro|to|kol|lie|ren
prot|zen
 er protzt, prot|zig
Pro|zent, das
 die Pro|zen|te
prü|fen
 er prüft
Prü|fung, die
 die Prü|fun|gen
prü|geln
 sie prü|gelt
 die Prü|gel

181

Pudd bis Pyr

Pud|ding, der
die Pud|din|ge
auch: die Pud|dings
Pu|del, der
die Pu|del
die Pu|del|müt|ze
Puf|fer, der
die Puf|fer
Pul|li, der
die Pul|lis
Pul|lo|ver, der
auch: der Pull|over,
die Pul|lo|ver
Puls, der
der Puls|schlag
Pult, das
die Pul|te
Pul|ver, das
die Pul|ver
Punkt, der
die Punk|te
das Pünkt|chen
pünkt|lich
Pu|pil|le, die
die Pu|pil|len
Pup|pe, die
die Pup|pen
das Pup|pen|spiel

Pü|ree, das
die Pü|rees
pü|rie|ren
pur|zeln
er pur|zelt
der Pur|zel|baum
Pus|te|blu|me, die
die Pus|te|blu|men
pus|ten
sie pustet
er ist außer Puste
put|zen
er putzt
put|zig
put|zi|ger,
am put|zigs|ten
du siehst putzig (lustig)
aus
Puz|zle, das
puz|zeln, er puz|zelt
Py|ja|ma, der
(Schlafanzug)
die Py|ja|mas
Py|ra|mi|de, die
die Py|ra|mi|den

182

Qua bis Quiz

Qu/qu

Qua|drat, das
  die Qua|dra|te
  qua|dra|tisch
qua|ken
  der Frosch quakt
  das Ge|qua|ke
Qual, die
  die Qua|len
quä|len
  sie quält sich
Qual|le, die
  die Qual|len
qual|men
  es qualmt
  der Qualm
Quark, der
Quar|tett, das
  die Quar|tet|te
quas|seln
  er quasselt ständig
  (redet dazwischen)
Quatsch, der
  quat|schen, er quatscht

Quel|le, die
  die Quel|len
  das Quell|was|ser
quen|geln
  er quengelt (nörgelt)
  immer
quer
  quer ge|streift
  auch:
  quer|ge|streift
  kreuz und quer
quet|schen
  sie hat sich die Finger
  gequetscht
quie|ken
  das Schwein quiekt
  das Ge|quie|ke
quiet|schen
  es quietscht
Quirl, der
  die Quir|le
quitt
  (ausgeglichen)
  jetzt sind wir quitt
Quiz, das
  die Quiz|frage

Qu

A B C D E F G H I J K L M N O P Q R S T U V W X Y Z

Rabe bis Rap

R/r

Ra|be, der
  die Ra|ben
  ra|ben|schwarz
Ra|che, die
  sich rä|chen
Ra|chen, der
Rad, das
  die Rä|der
  Rad fah|ren
  ra|deln, sie ra|delt
  er fährt Rad
  sie ist Rad gefahren
  beim Rad|fah|ren
Ra|dar, der
  auch: das Ra|dar
  die Ra|dar|fal|le
Rad|fah|rer, der
  die Rad|fah|rer,
  die Rad|fah|re|rin
ra|die|ren
  er ra|diert
Ra|dier|gum|mi, der
  die Ra|dier|gum|mis
Ra|dies|chen, das
  die Ra|dies|chen

Ra|dio, das
  die Ra|di|os
raf|fi|niert
  er ist raffiniert (schlau,
  durchtrieben)
Rah|men, der
  die Rah|men
  ein|rah|men
Ra|ke|te, die
  die Ra|ke|ten
Ral|lye, die
  die Ral|lyes
ram|men
  er rammt
ran
  komm näher ran
  (heran)
Rand, der
  die Rän|der
rang → ringen
rann|te → rennen
Ran|zen, der
  die Ran|zen
Rap, der
  die Raps
  wir singen einen Rap
  wir rappen

184

rasch bis Raupe

rasch
ra|scher, am ra|sches|ten
ra|scheln
es ra|schelt
ra|sen
sie rast
die Ra|se|rei, ra|send
Ra|sen, der
die Ra|sen
der Ra|sen|mä|her
Ras|sel, die
die Ras|seln
ras|seln, es ras|selt
ras|ten
er ras|tet
die Rast
sie machen Rast
Rat, der
sie gibt ihm einen
guten Rat
ra|ten
sie rät, riet,
hat ge|ra|ten
Rät|sel, das
die Rät|sel
rät|sel|haft

Rat|te, die
die Rat|ten
rat|tern
es rat|tert
rau
rau|er, am raus|ten
oder: am rau|es|ten
rau|ben
sie raubt
der Räu|ber
das Raub|tier
rau|chen
es raucht
der Rauch
rauf (herauf)
rauf|kom|men
rau|fen
er rauft
Raum, der
die Räu|me
die Raum|fäh|re
räu|men
er räumt sein Zimmer
auf
Rau|pe, die
die Rau|pen

A
B
C
D
E
F
G
H
I
J
K
L
M
N
O
P
Qu
R
S
T
U
V
W
X
Y
Z

185

raus bis Reim

A B C D E F G H I J K L M N O P Qu R S T U V W X Y Z

raus (heraus)
raus|kom|men
er kommt raus,
kam raus,
ist raus|ge|kom|men
rau|schen
es rauscht
rech|nen
sie rech|net
die Rech|nung
recht/Recht ➡
rechts
sich rechts hal|ten
von links nach rechts
Recht|schrei|bung, die
Re|cor|der, der
die Re|cor|der
auch: die Re|kor|der
Re|cyc|ling, das
re|cy|celn, re|cy|celt
(z. B. aus Altglas neues
Glas herstellen)
re|den
er re|det
die Re|de, die Re|den
der Red|ner,
die Red|ne|rin
Re|gal, das
die Re|ga|le

Re|gel, die
die Re|geln
Re|gen, der
der Re|gen|bo|gen
Re|gen|wurm, der
die Re|gen|wür|mer
reg|nen
es reg|net
reg|ne|risch
Reh, das
die Re|he
rei|ben
sie reibt, rieb,
hat ge|rie|ben
reich
rei|cher, am reichs|ten
reich|lich
rei|chen
er reicht ihr die Hand
reif
rei|fer, am reifs|ten
reif sein, reif wer|den
Rei|fen, der
die Rei|fen
Rei|he, die
die Rei|hen
Reim, der
die Rei|me
das Gedicht reimt sich

186

rein
 rei|ner, am reins|ten
 rei|ni|gen, er rei|nigt
 rein|lich
rein
 sie kommt in die Klasse rein (herein)
Reis, der
Rei|se, die
 die Rei|sen
 sie reist zu ihrer Oma
rei|ßen
 sie reißt, riss,
 hat ge|ris|sen
 sie reißt das Blatt durch
Reiß|ver|schluss, der
 die Reiß|ver|schlüs|se
rei|ten
 er reitet, ritt,
 ist ge|rit|ten
 der Rei|ter, die Rei|te|rin
Reiz, der
 die Rei|ze
 rei|zen, *es reizt mich*
 rei|zend
Re|kla|me, die

Re|kord, der
 die Re|kor|de
Re|kor|der, der
 auch: der Re|cor|der,
 die Re|kor|der
 der Vi|deo|re|kor|der
Rek|tor, der
 die Rek|to|ren,
 die Rek|to|rin
Re|li|gi|on, die
 die Re|li|gi|onen
 re|li|gi|ös

 recht/Recht

Kleinschreibung
das geschieht ihm recht
jetzt erst recht
so ist es recht
ein rechter Winkel

Großschreibung
mein gutes Recht
sein Recht bekommen
im Recht sein

rem bis Rie

rem|peln
er hat mich
angerempelt
ren|nen
sie rennt, rann|te,
ist ge|rannt
das Ren|nen
re|pa|rie|ren
er repariert sein
Fahrrad
die Re|pa|ra|tur
Res|pekt, der
res|pek|tie|ren
(achten)
Rest, der
die Res|te
rest|los
Res|tau|rant, das
die Res|tau|rants
ret|ten
er ret|tet
die Ret|tung
der Ret|tungs|dienst
Ret|tich, der
die Ret|ti|che
Reue, die
et|was be|reu|en
ich habe es bereut

Re|zept, das
die Re|zep|te
Rha|bar|ber, der
der Rha|bar|ber|ku|chen
Rhyth|mus, der
die Rhyth|men
rhyth|misch
rich|ten
der Rich|ter,
die Rich|te|rin
rich|tig
rich|ti|ger,
am rich|tigs|ten
rich|tig schrei|ben
Rich|tung, die
die Rich|tun|gen
rieb → reiben
rie|chen
es riecht, roch,
hat ge|ro|chen
der Ge|ruch
rief → rufen
Rie|gel, der
die Rie|gel
der Scho|ko|rie|gel
Rie|men, der
die Rie|men

188

Riese bis rollen

Rie|se, der
  die Rie|sen
  rie|sig, rie|si|ger,
  am rie|sigs|ten
  rie|sen|groß
riet → raten
Rind, das
  die Rin|der
Rin|de, die
  die Rin|den
Ring, der
  die Rin|ge
rin|gen
  sie ringt, rang,
  hat ge|run|gen
  der Ring|kampf
rings|he|rum
Rin|ne, die
  die Rin|nen
  rin|nen, es rinnt, rann,
  ist ge|ron|nen
Rip|pe, die
  die Rip|pen
riss → reißen
Riss, der
  die Ris|se, ris|sig
ritt → reiten

Ritt, der
  die Rit|te
Rit|ter, der
  die Rit|ter
  rit|ter|lich
Rob|be, die
  die Rob|ben
Ro|bo|ter, der
  die Ro|bo|ter
roch → riechen
Rock, der
  die Rö|cke
Rock|mu|sik, die
ro|deln
  sie ro|delt
  der Ro|del|schlit|ten
Rog|gen, der
roh
  ro|her,
  am rohs|ten
  oder am ro|hes|ten
Rohr, das
  die Roh|re
Rol|le, die
  die Rol|len
rol|len
  der Ball rollt

189

Roll bis rühren

Rol|ler, der
  der Roll|stuhl
  der Roll|schuh
Rol|lo, das
  die Rol|los
ro|sa
  sie hat den rosa
  Pulli an
  das Ro|sa des Pul|lis
  ro|sa|rot
Ro|se, die
  die Ro|sen
  ro|sig
Ro|si|ne, die
  die Ro|si|nen
Rost, der
  ros|ten, es ros|tet
  ros|tig
rot/Rot ➜
  mein ro|ter Pul|li
Rou|la|de, die
  die Rou|la|den
Rü|be, die
  die Rü|ben
rü|ber
  komm doch mal rüber
  (herüber)!

rü|cken
  er rückt beiseite
Rü|cken, der
  die Rü|cken
Ruck|sack, der
  die Ruck|sä|cke
Rück|sicht, die
  rück|sichts|voll
rück|wärts
  er geht rückwärts
Ru|del, das
  die Ru|del
Ru|der, das
  die Ru|der
  das Ru|der|boot
  ru|dern, sie ru|dert
ru|fen
  er ruft, rief,
  hat ge|ru|fen
Ru|he, die
  ru|hen, sie ruht
  ru|hig, ru|hi|ger,
  am ru|higs|ten
rüh|ren
  er rührt etwas an
  das Rühr|ei

rum bis rütt

rum
sie rührt in der Suppe rum (herum)
Rum|mel, der
der Rum|mel|platz
Rumpf, der
die Rümp|fe
rund
rund um das Haus
die Run|de, rund|lich
run|ter
sie kommt die Treppe runter (herunter)
rup|pig
rup|pi|ger,
am rup|pigs|ten
Ruß, der
ru|ßig
Rü|schen, die
ihre Bluse hat Rüschen
Rüs|sel, der
die Rüs|sel
Russ|land
rus|sisch
die Rus|sen
Rüs|tung, die
die Rüs|tun|gen

Ru|te, die
die Ru|ten
rut|schen
sie rutscht
die Rut|sche
rut|schig, rut|schi|ger,
am rut|schigs|ten
rüt|teln
er rüt|telt

→ **rot/Rot**

Kleinschreibung
mein Pulli ist rot
mein roter Pulli
rot gestreift,
auch: rotgestreift
dunkelrot, hellrot
feuerrot
etwas rot anmalen

Großschreibung
die Farbe Rot
das Rot des Feuers
ein feuriges Rot
die Ampel steht auf Rot

191

Saal bis sämt

S/s

Saal, der
　die Sä|le
Saat, die
　die Saa|ten
Sa|che, die
　die Sa|chen
　das Sach|buch
Sack, der
　die Sä|cke
sä|en
　du säst, er sät
Saft, der
　die Säf|te
　saf|tig
Sä|ge, die
　die Sä|gen
　sä|gen, sie sägt
sa|gen
　sie sagt
　die Sa|ge, die Sa|gen
　sa|gen|haft
sah → sehen
Sah|ne, die
　sah|nig

Sai|te, die
　die Sai|ten
　die Gi|tar|ren|sai|te
Sa|la|mi, die
Sa|lat, der
　die Sa|la|te
Sal|be, die
　die Sal|ben
Sal|to, der
　die Sal|tos
Salz, das
　die Sal|ze
　sal|zen, sie salzt
　sal|zig, sal|zi|ger,
　am sal|zigs|ten
Sa|men, der
　die Sa|men
　das Sa|men|korn
sam|meln
　er sam|melt
　die Samm|lung
Samstag/samstags →
　der Sams|tag,
　die Sams|ta|ge
　sams|tags
sämt|lich
　sämtliche (alle) Kinder

Sand bis sauber

Sand, der
  san|dig, san|di|ger,
  am san|digs|ten
  der Sand|kas|ten
  die Sand|bank
San|da|le, die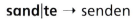
  die San|da|len
sand|te → senden
sanft
  sanf|ter,
  am sanf|tes|ten
  mit sanfter (leiser)
  Stimme
sang → singen
Sän|ger, der
  die Sän|ger,
  die Sän|ge|rin
sank → sinken
Sankt Mar|tin
saß → sitzen
Sa|tel|lit, der
  die Sa|tel|li|ten
satt
  er isst sich satt
Sat|tel, der
  die Sät|tel
  sat|teln
  sie sattelt ihr Pferd

Satz, der
  die Sät|ze
  die Satz|zei|chen
Sau, die
  die Säue
  auch: die Sau|en
  sau|mä|ßig
sau|ber
  sau|be|rer,
  am sau|bers|ten
  sau|ber ma|chen
  säu|ber|lich
  die Sau|ber|keit

→ **Samstag/samstags**

Großschreibung
der Samstag
am Samstag
jeden Samstag
der Samstagmittag

Kleinschreibung
samstags
samstagmittags

193

sauer bis schäd

sau|er
sau|rer,
am sau|ers|ten
sie ist sauer (böse, beleidigt)
der Sau|er|stoff
säu|er|lich
sau|fen
das Pferd säuft,
soff, hat ge|sof|fen
sau|gen
es saugt
der Säug|ling
das Säu|ge|tier
Säu|le, die
die Säu|len
Saum, der
die Säu|me
der Saum des Kleides
Sau|ri|er, der
die Sau|ri|er
der Di|no|sau|ri|er
sau|sen
du saust, er saust
S-Bahn, die
die S-Bah|nen
(*kurz für:* Stadt|bahn,
Schnell|bahn)

Scan|ner, der
die Scan|ner
scan|nen, er scannt
etwas ein|scan|nen

Sch/sch

scha|ben
er schabt
der Scha|ber
schä|big
sich schä|big ver|hal|ten
die schäbige (alte, kaputte) Hose
Schach|tel, die
die Schach|teln
scha|de
es ist schade, dass du nicht kommst
Scha|den, der
die Schä|den
der Schad|stoff
scha|den, es scha|det
schäd|lich
schäd|li|cher,
am schäd|lichs|ten
der Schäd|ling

194

Schaf bis Schau

Schaf, das
die Scha|fe
das Schäf|chen
der Schä|fer
der Schä|fer|hund
schaf|fen
er schafft, schaff|te,
er hat es endlich
geschafft
Schal, der
die Schals
Scha|le, die
die Scha|len
schä|len
sie schält Orangen
Schall, der
schal|len, schallt
sie lachte schallend
(laut)
Schal|ter, der
die Schal|ter
die Schal|tung
schal|ten, schal|tet
schä|men
er schämt sich
Schar, die
die Scha|ren
eine Schar (Gruppe)
Kinder

scharf
schär|fer, am schärfs|ten
die Schär|fe
schar|ren
das Huhn scharrt
Schasch|lik, das
(Fleischspieß)
Schat|ten, der
die Schat|ten
das Schat|ten|spiel
schat|tig
Schatz, der
die Schät|ze
schät|zen, er schätzt es
schau|en
sie schaut
das Schau|fens|ter
der Schau|spie|ler,
die Schau|spie|le|rin
zu|schau|en
Schau|er, der
die Schau|er
der Re|gen|schau|er
schau|er|lich, schau|rig
Schau|fel, die
die Schau|feln
schau|feln, er schau|felt

195

Schau bis scheu

Schau|kel, die
die Schau|keln
schau|keln, schau|kelt
Schaum, der
schau|mig
schäu|men, schäumt
sche|ckig
ein scheckiges (geflecktes) Pferd
Schei|be, die
die Schei|ben
Schei|dung, die
die Schei|dun|gen
schei|den, schei|det
schei|nen
die Sonne scheint, schien, hat geschienen
schei|nen
das Baby scheint zu schlafen (wahrscheinlich schläft es)
Schei|tel, der
die Schei|tel
sie hat einen Mittelscheitel
Sche|mel, der
die Sche|mel

Schen|kel, der
die Schen|kel
der Un|ter|schen|kel
schen|ken
er schenkt ihr etwas
das Ge|schenk
Scher|be, die
die Scher|ben
Sche|re, die
die Sche|ren
Scherz, der
die Scher|ze
das war nur ein Scherz (nicht ernst gemeint)
scheu|chen
sie scheuchte (jagte) ihn weg
scheu|en
das Pferd scheut
scheu|ern
er scheu|ert
das Scheu|er|tuch
Scheu|ne, die
die Scheu|nen
scheuß|lich
heute ist scheußliches (schreckliches) Wetter

Schi bis schl

Schi, der
 die Schi|er
 auch: der Ski
 Schi fah|ren
Schicht, die
 die Schich|ten
schi|cken
 er schickt sie weg
schie|ben
 sie schiebt, schob,
 hat ge|scho|ben
Schieds|rich|ter, der
 die Schieds|rich|ter,
 die Schieds|rich|te|rin
schief
 schie|fer, am schiefs|ten
schien
 → scheinen
Schie|ne, die
 die Schie|nen
 das Schien|bein
schie|ßen
 sie schießt, schoss,
 hat ge|schos|sen
Schiff, das
 die Schif|fe
 die Schiff|fahrt

Schild, das
 die Schil|der
Schild|krö|te, die
 die Schild|krö|ten
Schim|mel, der
 die Schim|mel
 das Pferd ist ein
 Schimmel
 auf dem Käse ist
 Schimmel
schim|meln
 schim|me|lig,
 es schim|melt
schim|mern
 es schim|mert
 der Schim|mer
schimp|fen
 sie schimpft
 das Schimpf|wort
Schin|ken, der
 die Schin|ken
Schirm, der
 die Schir|me
schlach|ten
 er schlach|tet
 der Schlach|ter
 (Fleischer, Metzger)

197

Schlä bis schlei

A B C D E F G H I J K L M N O P Qu R S T U V W X Y Z

Schlä|fe, die
  die Schlä|fen
schla|fen
  sie schläft, schlief,
  hat ge|schla|fen
  der Schlaf
  schläf|rig, ver|schla|fen
schlaff
  schlaf|fer,
  am schlaffs|ten
  ich fühle mich schlaff
  (müde)
Schlag, der
  die Schlä|ge
  das Schlag|zeug
schla|gen
  er schlägt, schlug,
  hat ge|schla|gen
Schla|ger, der
  die Schla|ger
  die Schla|ger|sän|ge|rin
Schlamm, der
  schlam|mig
schlam|pig
  schlam|pi|ger,
  am schlam|pigs|ten
  die Schlam|pe|rei
  eine schlampige
  (unordentliche) Arbeit

Schlan|ge, die
  die Schlan|gen
schlank
  schlan|ker,
  am schlanks|ten
schlapp
  schlap|per,
  am schlapps|ten
  sich schlapp fühlen
  (erschöpft sein)
  die Schlap|pe
  schlapp|ma|chen
schlau
  schlau|er,
  am schlaus|ten
  oder am schlau|es|ten
Schlauch, der
  die Schläu|che
  der Gar|ten|schlauch
schlecht
  schlech|ter,
  am schlech|tes|ten
Schle|cke|rei, die
  die Schle|cke|rei|en
schlei|chen
  sie schleicht, schlich,
  ist ge|schli|chen

198

Schl bis Schlu

Schlei|er, der
  die Schlei|er
Schlei|fe, die
  die Schlei|fen
schlem|men
  sie schlemmt gern
schlep|pen
  er schleppt
schleu|dern
  der Wagen schleudert
  die Schleu|der
Schleu|se, die
  die Schleu|sen
schlief → schlafen
schlie|ßen
  er schließt, schloss,
  hat ge|schlos|sen
schließ|lich
schlimm
  schlim|mer,
  am schlimms|ten
  das Schlimms|te
schlin|gen
  sie schlingt, schlang,
  hat ge|schlun|gen
Schlips, der
  die Schlip|se

Schlit|ten, der
  die Schlit|ten
  Schlit|ten fah|ren
  der Schlit|ten|hund
  die Schlitt|schu|he
  schlit|tern, schlit|tert
Schlitz, der
  die Schlit|ze
Schloss, das
  die Schlös|ser
  das Tür|schloss
  das Mär|chen|schloss
schloss → schließen
schluch|zen
  sie schluchzt (weint)
Schluck, der
  die Schlu|cke
  schlu|cken, sie schluckt
schlug → schlagen
schlüp|fen
  er schlüpft
  der Schlüp|fer
schlür|fen
  sie schlürft die heiße
  Suppe
Schluss, der
  die Schlüs|se

Schlü bis schn

Schlüs|sel, der
die Schlüs|sel
schmal
schma|ler
auch: schmä|ler
am schmals|ten/
am schmäls|ten
schmat|zen
er schmatzt
der Schmatz (Kuss)
schme|cken
es schmeckt mir
schmei|ßen
er schmeißt, schmiss,
hat ge|schmis|sen
schmel|zen
das Eis schmilzt,
schmolz,
ist ge|schmol|zen
Schmerz, der
die Schmer|zen
schmer|zen, es schmerzt
die Verletzung ist
schmerzhaft
Schmet|ter|ling, der
die Schmet|ter|lin|ge
schmie|ren
er schmiert Brot

schmin|ken
sie schminkt sich
die Schmin|ke
Schmuck, der
schmü|cken, schmückt
schmud|de|lig
(schmutzig)
das Schmud|del|wet|ter
schmun|zeln
er schmun|zelt (lächelt)
schmu|sen
sie schmust gern
Schmutz, der
schmut|zig,
schmut|zi|ger,
am schmut|zigs|ten
Schna|bel, der
die Schnä|bel
Schnal|le, die
die Schnal|len
schnap|pen
die Falle schnappt zu
schnar|chen
er schnarcht
schnat|tern
die Ente schnattert
schnau|ben
das Pferd schnaubt

200

Schnau|ze, die
die Schnau|zen
das Schnäuz|chen
Schne|cke, die
die Schne|cken
Schnee, der
der Schnee|ball
der Schnee|mann
schnee|weiß
schnei|den
sie schnei|det, schnitt,
hat ge|schnit|ten
schnei|en
es schneit
schnell
schnel|ler,
am schnells|ten
schnell lau|fen
Schnip|sel, der
auch: das Schnip|sel
schnip|seln, schnip|selt
Schnitt, der
die Schnit|te
der Schnitt|lauch
Schnit|zel, das
die Schnit|zel
schnüf|feln
der Hund schnüffelt

Schnup|fen, der
ver|schnupft
schnup|pern
sie schnup|pert (riecht)
Schnur, die
die Schnü|re
schnur|ren
sie schnurrt
der Schnurr|bart
schob → schieben
Schock, der
die Schocks
scho|cken, schockt
scho|ckie|ren
Scho|ko|la|de, die
die Scho|ko|la|den
schon
es ist schon spät
schön
schö|ner, am schöns|ten
die Schön|heit
scho|nen
sie schont sich
Schorn|stein, der
die Schorn|stei|ne
der Schorn|stein|fe|ger,
die Schorn|stein|fe|ge|rin

Schoß bis Schuld

Schoß, der
die Schö|ße
schoss → schießen
schräg
schrä|ger,
am schrägs|ten
Schram|me, die
die Schram|men
schram|men, schrammt
Schrank, der
die Schrän|ke
Schran|ke, die
die Schran|ken
die Bahn|schran|ke
Schrau|be, die
die Schrau|ben
schrau|ben, er schraubt
Schreck, der
schre|cken, schreckt,
er|schre|cken
schreck|lich,
schreck|li|cher,
am schreck|lichs|ten
schrei|ben
er schreibt, schrieb,
hat ge|schrie|ben
der Schreib|tisch

schrei|en
sie schreit, schrie,
hat ge|schrien
der Schrei, die Schreie
Schrift, die
die Schrif|ten
schrift|lich
Schritt, der
die Schrit|te
Schubs, der
auch: der Schups
schub|sen, schubst,
schup|sen, schupst
er hat mich geschubst
(gestoßen)
schüch|tern
schüch|ter|ner,
am schüch|terns|ten
schuf
→ schaffen
schuf|ten
sie schuf|tet
Schuh, der
die Schu|he
ein Paar Schu|he
Schuld/schuld →

Schu bis Schw

Schu|le, die
die Schu|len
das Schul|buch
Schü|ler, der
die Schü|ler,
die Schü|le|rin,
die Schü|le|rin|nen
das Schul|jahr
der Schul|lei|ter,
die Schul|lei|te|rin
der Schul|weg
Schul|ter, die
die Schul|tern
schum|meln
sie schum|melt
die Schum|me|lei
Schups, der
auch: der Schubs
Schür|ze, die
die Schür|zen
Schuss, der
die Schüs|se
Schüs|sel, die
die Schüs|seln
schüt|teln
sie schüttelt sich vor
Lachen

schüt|ten
er schüt|tet
aus|schüt|ten
Schutz, der
der Schutz|helm
schüt|zen
sie schützt sich vor dem
Regen
schwach
schwä|cher,
am schwächs|ten
die Schwä|che
Schwal|be, die
die Schwal|ben
Schwamm, der
die Schwäm|me

➡ **Schuld/schuld**

Großschreibung
Schuld haben
das war meine Schuld
die Schuldgefühle

Kleinschreibung
schuld sein
du bist schuld daran

Schwa bis schwi

Schwan, der
die Schwä|ne
Schwanz, der
die Schwän|ze
schwän|zen
er schwänzt die Schule
schwarz/Schwarz →
schwär|zer,
am schwär|zes|ten
schwat|zen
sie schwatzt
schwe|ben
er schwebt
schwei|gen
er schweigt, schwieg,
hat ge|schwie|gen
schweig|sam
Schwein, das
die Schwei|ne
Schweiß, der
Schweiz, die
schwei|ze|risch
die Schwei|zer
schwer
schwe|rer,
am schwers|ten
schwer|fäl|lig
Schwert, das
die Schwer|ter

Schwes|ter, die
die Schwes|tern
schwie|rig
schwie|ri|ger,
am schwie|rigs|ten
schwim|men
sie schwimmt,
schwamm,
ist/hat ge|schwom|men
das Schwimm|bad
der Schwim|mer,
die Schwim|me|rin

→ **schwarz/Schwarz**

Kleinschreibung
meine Hose ist schwarz
meine schwarze Hose
schwarz gestreift,
auch: schwarzgestreift
schwarz auf weiß
etwas schwarz anmalen

Großschreibung
die Farbe Schwarz
das Schwarz der Kohle
ins Schwarze treffen

schw bis See

schwin|deln
(lügen)
er schwin|delt
der Schwin|del
schwit|zen
sie schwitzt
schwö|ren
er schwört, schwor,
hat ge|schwo|ren
schwül
schwü|ler,
am schwüls|ten
die Schwü|le
Schwung, der
die Schwün|ge

S/s

scrol|len
sie scrollt
sechs/Sechs
sech|zehn, sech|zig,
sechs|hun|dert
See, der
die Seen
der Stadt|see
(Binnensee)

See, die
die Nord|see (offenes Meer)
die See|fahrt
das See|pferd|chen
see|krank

➜ **sechs/Sechs**

Kleinschreibung
sechs Jahre alt sein
sechs mal zwei
es ist halb sechs
sechstens

Großschreibung
die Zahl Sechs
eine Sechs schreiben
eine Sechs im Zeugnis
er wurde Sechster

Mit Zahl oder ausgeschrieben
sechsjährig – 6-jährig
sechsmal – 6-mal
am sechsten *oder*
6. Mai

Seele bis selig

See|le, die
die See|len
se|geln
sie se|gelt
das Se|gel,
die Se|gel
das Se|gel|boot
das Se|gel|schiff
Se|gen, der
se|hen
du siehst, er sieht, sah,
hat ge|se|hen
Seh|ne, die
die Seh|nen
sehr
das ist sehr gut!
sei
sei so gut!
seid → sein
da seid ihr ja!
Sei|fe, die
die Sei|fen
ein|sei|fen
Seil, das
die Sei|le
seil|sprin|gen
seil|tan|zen

sein
ich bin, du bist,
er/sie/es ist, wir sind,
ihr seid, sie sind
sein
sei|ne, sei|nem,
sei|nen, sei|ner, sei|nes
seit
seit gestern
seit dem letzten Jahr
seit|dem
seitdem wir uns kennen
Sei|te, die
die Sei|ten
die Buch|sei|ten
sei|ten|lang
seit|lich
Se|kre|tä|rin, die
die Se|kre|tä|rin|nen
Se|kun|de, die
die Se|kun|den
selbst/sel|ber
das habe ich selbst
(selber) geschrieben
sie ist selbstständig
se|lig
(glücklich)

206

sel bis Sieb

sel|ten
sel|te|ner,
am sel|tens|ten
selt|sam
(merkwürdig, komisch)
Sem|mel, die
die Sem|meln
sen|den
sie sen|det, sand|te,
aber: sen|det, sen|de|te,
die Sen|dung
das Fernsehen hat
einen Film gesendet
sie hat ihm einen Brief
gesandt
Senf, der
Bratwurst mit Senf
Sep|tem|ber, der
Se|rie, die
die Se|ri|en
Ser|vi|et|te, die
die Ser|vi|et|ten
Ses|sel, der
die Ses|sel
set|zen
sie setzt sich auf den
Stuhl

Shirt, das
die Shirts, das T-Shirt
Shop, der
die Shops
Shorts, die
Show, die
die Shows
sich
sich freuen, sich ärgern
si|cher
si|che|rer, am si|chers|ten
die Si|cher|heit
Sicht, die
sicht|bar
sie
sie ist da, sie sind da
Sie

Liebe Frau Müller, ich
bitte Sie darum, dass ...
(Anrede in Briefen)

Sieb, das
die Sie|be
sie|ben, sie siebt

sie bis Sinn

sie|ben/Sieben →
 sieb|zehn,
 sieb|zig, sie|ben|hun|dert
sie|gen
 er siegt
 der Sie|ger, die Sie|ger,
 die Sie|ge|rin
 der Sieg
sieht → sehen
Sig|nal, das
 die Sig|na|le
Sil|be, die
 die Sil|ben
 die Sil|ben|tren|nung
Sil|ber, das
 sil|bern, silb|rig
Sil|ves|ter
 die Sil|ves|ter|fei|er
sind → sein
 wir sind schon da
sin|gen
 sie singt, sang,
 hat ge|sun|gen
 der Ge|sang
Sin|gu|lar, der
 (Einzahl)

sin|ken
 das Schiff sinkt, sank,
 ist ge|sun|ken
Sinn, der
 die Sin|ne
 sinn|los, sinn|voll
 die Sin|nes|or|ga|ne

→ **sieben/Sieben**

Kleinschreibung
sieben Jahre alt sein
sieben mal zwei
es ist halb sieben
siebentens, siebtens

Großschreibung
die Zahl Sieben
eine Sieben malen
er wurde Siebenter/
Siebter

**Mit Zahl oder
ausgeschrieben**
siebenjährig – 7-jährig
siebenmal – 7-mal
am siebenten/siebten
oder 7. Mai

Sirup bis Sohle

Si|rup, der
Sitz, der
  der Sitz|platz
sit|zen
  sie sitzt, saß,
  hat ge|ses|sen
  sie sitzt auf dem Stuhl
Skate|board, das
  die Skate|boards
Ske|lett, das
  die Ske|let|te
Ski, der
  auch: der Schi
  die Ski|er
  Ski lau|fen
Skiz|ze, die
  die Skiz|zen
  skiz|zie|ren
Slip, der
  die Slips
SMS, die
  (*kurz für:*
  Short Message Service)
Snow|board, das
  die Snow|boards
so
  so ein, so ei|ne,
  so ei|ner, so et|was

so|bald
  sobald ich kann,
  komme ich
So|cke, die
  auch: der So|cken
  die So|cken
so|dass
  sie stolperte, sodass
  sie hinfiel
so|eben
  er ist soeben (gerade)
  angekommen
So|fa, das
  die So|fas
soff → saufen
so|fort
  ich mache das sofort
  (gleich)
Soft|eis, das
Soft|ware, die
so|gar
so|ge|nannt
  meine sogenannte
  Freundin hat mich ent-
  täuscht
Soh|le, die
  die Soh|len

Sohn bis sonst

Sohn, der
die Söh|ne

so|lan|ge
ich bleibe, solange es
hell ist
aber: warum dauert es
so lange?

solch
sol|che, solch ein

sol|len
du sollst, er soll, soll|te

Som|mer, der
die Som|mer
die Som|mer|fe|ri|en
som|mer|lich,
som|mer|li|cher,
am som|mer|lichs|ten

son|dern
das macht man nicht
so, sondern anders

Song, der
die Songs

Sonnabend/
sonnabends →
der Sonn|abend,
die Sonn|aben|de
sonn|abends

Son|ne, die
die Son|nen
die Son|nen|blu|me
son|nig, sich son|nen

Sonntag/sonntags →
der Sonn|tag,
die Sonn|ta|ge
sonn|tags

sonst
sonst kei|ne
sonst et|was
sonst je|mand
wer kommt sonst noch?

→ **Sonnabend/**
sonnabends

Großschreibung
der Sonnabend
am Sonnabend
jeden Sonnabend
am Sonnabendmittag

Kleinschreibung
sonnabends
sonnabendmittags

210

sor bis Sparg

sor|gen
er sorgt sich um sie
die Sor|ge, die Sor|gen
sorg|fäl|tig
sorg|fäl|ti|ger,
am sorg|fäl|tigs|ten
sor|tie|ren
sie sor|tiert
die Sor|te
So|ße, die
die So|ßen
so|wie|so
ich bin sowieso zu Hause

Spa|ni|en
spa|nisch
die Spa|ni|er
span|nend
span|nen|der,
am span|nends|ten
Span|nung, die
spa|ren
sie spart
das Spar|buch
der Spa|rer,
die Spa|re|rin
Spar|gel, der

Sp/sp

Spa|gat, der
Spa|ghet|ti, die
auch: die Spa|get|ti
spal|ten
sie spal|tet
der Spalt, die Spal|te
Span, der
die Spä|ne
Span|ge, die
die Span|gen

→ **Sonntag/sonntags**

Großschreibung
der Sonntag
am Sonntag
jeden Sonntag
am Sonntagmittag

Kleinschreibung
sonntags
sonntagmittags

spars bis Spi

spar|sam
spar|sa|mer,
am spar|sams|ten
Spaß, der
die Spä|ße
Spaß ma|chen
spa|ßen, spa|ßig
spät
spä|ter,
am spä|tes|ten
zu spät
spä|tes|tens
sich ver|spä|ten
Spa|ten, der
die Spa|ten
Spatz, der
die Spat|zen
spa|zie|ren
spa|zie|ren ge|hen
der Spa|zier|gang
Specht, der
die Spech|te
Speer, der
die Spee|re
Spei|che, die
die Spei|chen

Spei|cher, der
die Spei|cher
spei|chern, spei|chert,
ge|spei|chert
Spek|ta|kel, das
sie machen Spektakel
(Lärm)
spen|den
die Spen|de
Sper|ling, der
die Sper|lin|ge
sper|ren
die Polizei sperrt die
Straße
Spie|gel, der
die Spie|gel
das Spie|gel|bild
spie|geln, spie|gelt
Spiel, das
die Spie|le
das Spiel|zeug
spie|len, *sie spielt mit*
Spi|nat, der
Spin|ne, die
die Spin|nen
die Spinne spinnt ein
Netz

212

spin bis Spucke

spin|nen
sie spinnt, spann,
hat ge|spon|nen
spinnst du?
spitz
spit|zer, am spit|zes|ten
die Spit|ze, die Spit|zen
das ist spitze (sehr gut)!
spon|tan
*sie tat das ganz
spontan (von selbst)*
Sport, der
der Sport|ler,
die Sport|ler,
die Sport|le|rin
sport|lich, sport|li|cher,
am sport|lichs|ten
spot|ten
sie spot|tet
der Spott, spöt|tisch
Spra|che, die
die Spra|chen
sprach|los
die Fremd|spra|che

spre|chen
sie spricht, sprach,
hat ge|spro|chen
der Spre|cher,
die Spre|che|rin
Sprich|wort, das
die Sprich|wör|ter
sprin|gen
er springt, sprang,
ist ge|sprun|gen
Sprit|ze, die
die Sprit|zen
sprit|zen
es spritzt
Spruch, der
die Sprü|che
Spru|del, der
das Spru|del|was|ser
sprü|hen
es sprüht
der Sprüh|re|gen
Sprung, der
die Sprün|ge
das Sprung|brett
Spu|cke, die
spu|cken, sie spuckt

213

Spuk bis stän

Spuk, der
spu|ken, es spukt,
hat ge|spukt
in dem alten Schloss
spukt es
spü|len
er spült das Geschirr
die Spü|le
die Spül|ma|schi|ne
Spur, die
die Spu|ren
spü|ren, spürt
der Spür|hund
spu|ten
er sputet sich (beeilt
sich)

St/st

Staat, der
die Staa|ten
Stab, der
die Stä|be
stach → stechen

Sta|chel, der
die Sta|cheln
die Sta|chel|bee|re
sta|che|lig
Sta|di|on, das
die Sta|di|en
Stadt, die
die Städ|te
der Stadt|plan
Staf|fel, die
die Staf|feln
der Staf|fel|lauf
stahl → stehlen
Stall, der
die Stäl|le
Stamm, der
die Stäm|me
stam|men, stammt
sie stammt aus Berlin
(wurde dort geboren)
stand → stehen
Stand, der
die Stän|de
der Stand|punkt
stän|dig
du störst ständig
(immerzu)

214

Stan bis ste

Stan|ge, die
die Stan|gen
Stän|gel, der
die Stän|gel
stank
→ stinken
stap|fen
er stapft durch den
Schnee
Star, der
die Sta|re
Star, der
(berühmte Person)
die Stars
starb → sterben
stark
stär|ker, am stärks|ten
der Star|ke, die Stär|ke
er hat starke Muskeln
sie stärkt sich mit einer
Banane
starr
er ist starr vor Angst
star|rer, am starrs|ten
star|ren
sie starrt mich mit
großen Augen an

Start, der
die Starts
star|ten, star|tet,
ge|star|tet
Sta|ti|on, die
die Sta|ti|onen
statt
statt|fin|den
sie kommt statt
(anstelle von) ihrer
Schwester
Stau, der
die Staus
der Stau|damm
sich stau|en
Staub, der
stau|big,
stau|bi|ger,
am stau|bigs|ten
Stau|de, die
die Stau|den
stau|nen
sie staunt
ste|chen
sie sticht, stach,
hat ge|sto|chen

215

steck bis stick

ste|cken
der Schlüssel steckt
ste|cken blei|ben
ste|cken las|sen
der Ste|cker
ste|hen
sie steht, stand,
hat ge|stan|den
alle müssen stehen
bleiben
steh|len
er stiehlt, stahl,
hat ge|stoh|len
steif
stei|fer, am steifs|ten
stei|gen
sie steigt, stieg,
ist ge|stie|gen
die Stei|gung
steil
stei|ler,
am steils|ten
Stein, der
die Stei|ne
die Stein|zeit
Stel|le, die
die Stel|len

stel|len
sie stellt sich in die
erste Reihe
die Stel|lung
Stel|ze, die
die Stel|zen
sie möchte gern
Stelzen laufen
Stem|pel, der
die Stem|pel
stem|peln, stem|pelt
ster|ben
er stirbt, starb,
ist ge|stor|ben
Ste|reo
die Ste|reo|an|la|ge
Stern, der
die Ster|ne
stets
sie schreibt stets
(immer) gute Texte
Steu|er, das
das Steu|er|rad
Stich, der
die Sti|che
sti|cken
sie stickt
das Stick|garn

216

Sti bis **stö**

Sti|cker, der
  die Sti|cker
Stie|fel, der
  die Stie|fel
Stief|müt|ter|chen, das
  die Stief|müt|ter|chen
stieg → steigen
Stiel, der
  die Stie|le
Stier, der
  die Stie|re
stieß → stoßen
Stift, der
  die Stif|te
still
  stil|ler, am stills|ten
  die Stil|le
Stim|me, die
  die Stim|men
stim|men
  das stimmt nicht
  sie stimmt die Gitarre
  die Stim|mung
stin|ken
  es stinkt, stank,
  hat ge|stun|ken
Stirn, die
  die Stir|nen

Stock, der
  die Stö|cke
Stock|werk, das
  die Stock|wer|ke
Stoff, der
  die Stof|fe
stöhnen
  sie stöhnt über die
  schwere Aufgabe
stol|pern
  er stol|pert
  der Stol|per|stein
stolz
  stol|zer, am stol|zes|ten
  der Stolz
stop|fen
  sie stopft
Stopp, der
  die Stopps
  das Stopp|schild
  stop|pen, stoppt
Stöp|sel, der
  die Stöp|sel
Storch, der
  die Stör|che
stö|ren
  er stört
  die Stö|rung

217

stö bis strick

stör|risch
störrisch (trotzig) wie
ein Esel

sto|ßen
sie stößt, stieß,
hat ge|sto|ßen
der Stoß

stot|tern
er stot|tert

Stra|fe, die
die Stra|fen
stra|fen, straft
sie wird bestraft

Strand, der
die Strän|de

Stra|ße, die
die Stra|ßen
die Stra|ßen|bahn

Strauch, der
die Sträu|cher

Strauß, der
die Sträu|ße

Stre|ber, der
die Stre|ber,
die Stre|be|rin
stre|ben

Stre|cke, die
die Stre|cken
stre|cken
sie streckt sich

strei|cheln
sie strei|chelt

strei|chen
er streicht, strich,
hat ge|stri|chen
das Streich|holz

Strei|fen, der
die Strei|fen
ge|streift

Streit, der
strei|ten, sie strei|tet,
stritt, hat ge|strit|ten

streng
stren|ger,
am strengs|ten

Stress, der
stres|sig

streu|en
sie streut
die Streu

Strich, der
die Stri|che

stri|cken
er strickt

strie bis stütz

strie|geln
sie striegelt ihr Pferd
der Strie|gel
stritt → streiten
Stroh, das
der Stroh|halm
Strom, der
die Strö|me
strö|men, strömt
der Strom in der Licht-
leitung
der Rhein ist ein Strom
(großer Fluss)
Stro|phe, die
die Stro|phen
die Strophen des
Gedichts
Strumpf, der
die Strümp|fe
Stu|be, die
die Stu|ben
Stück, das
die Stü|cke
das Stück|chen
Stu|fe, die
die Stu|fen
stu|fig

Stuhl, der
die Stüh|le
stumm
sie bleibt stumm
(spricht nicht)
stumpf
ein stumpfes Messer
Stun|de, die
die Stun|den
der Stun|den|plan
stünd|lich
stur
die Stur|heit
Sturm, der
die Stür|me
stür|men, es stürmt
stür|misch
Sturz, der
die Stür|ze
stür|zen
sie stürzt,
stürz|te, ist ge|stürzt
Stu|te, die
die Stu|ten
stüt|zen
er stützt sich ab

Sub bis Szene

S/s

Sub|jekt, das
(Satzgegenstand)

su|chen
er sucht
die Su|che
die Su|che|rei

Sü|den, der
süd|lich, süd|li|cher,
am süd|lichs|ten

Sum|me, die
die Sum|men

sum|men
sie summt
sie summt ein Lied vor
sich hin

Sumpf, der
die Sümp|fe

su|per
das ist super!
der Su|per|markt

Sup|pe, die
die Sup|pen

sur|fen
sie surft
auf dem Surfbrett
surfen
im Internet surfen

süß
sü|ßer, am sü|ßes|ten
süß|lich
die Sü|ßig|kei|ten

Sym|bol, das
die Sym|bo|le

sym|pa|thisch
die Sym|pa|thie
sie ist mir sympathisch
(ich mag sie)

Sze|ne, die
die Sze|nen
sie spielen eine Szene
(ein kleines Theater-
stück) vor

220

Tab bis **Tap**

T/t

Ta|bel|le, die
  die Ta|bel|len
Ta|blet|te, die
  die Ta|blet|ten
Ta|del, der
  die Ta|del
  ta|deln, er ta|delt
Ta|fel, die
  die Ta|feln
Tag/tags →
  der Tag,
  die Ta|ge
  tags|über
Takt, der
  die Tak|te
Tal, das
  die Tä|ler
Ta|lent, das
  die Ta|len|te
Talk|show, die
  die Talk|shows
Tank, der
  die Tanks
  tan|ken, sie tankt

Tan|ne, die
  die Tan|nen
  der Tan|nen|baum
  der Tan|nen|zap|fen
Tan|te, die
  die Tan|ten
Tanz, der
  die Tän|ze
  tan|zen, sie tanzt
Ta|pe|te, die
  die Ta|pe|ten

→ **Tag/tags**

Großschreibung
am Tage
eines Tages
am heutigen Tag
es wird Tag
guten Tag
drei Tage lang

Kleinschreibung
tagaus, tagein
tagelang
tagsüber
ganztags

A
B
C
D
E
F
G
H
I
J
K
L
M
N
O
P
Qu
R
S
T
U
V
W
X
Y
Z

tapf bis Team

tap|fer
tap|fe|rer,
am tap|fers|ten

Tar|nung, die
die Tar|nun|gen
er tarnt sich

Ta|sche, die
die Ta|schen
das Ta|schen|geld

Tas|se, die
die Tas|sen

Tas|ta|tur, die
die Tas|ta|tu|ren

Tas|te, die
die Tas|ten
sie tastet sich im
Dunkel voran

tat → tun

Tat, die
die Ta|ten
die Tä|tig|keit
tä|tig

Tat|ze, die
die Tat|zen

Tau, das
die Taue (Seile)

Tau, der
die Tau|trop|fen

taub
bist du taub?

Tau|be, die
die Tau|ben

tau|chen
sie taucht
der Tau|cher,
die Tau|che|rin

tau|en
morgens taut es

Tau|fe, die
die Tau|fen
tau|fen, tauft

tau|gen
das taugt nichts (ist
nichts wert)

tau|schen
er tauscht
der Tausch

täu|schen
sie täuscht sich

tausend/Tausend ➡

Ta|xi, das
die Ta|xis

Team, das
die Teams
wir sind ein gutes Team
(Mannschaft)

222

Tech bis Tepp

Tech|nik, die
  die Tech|ni|ken
  tech|nisch
Ted|dy, der
  die Ted|dys
  der Ted|dy|bär

Tee, der
  die Tees
Teich, der
  die Tei|che
Teig, der
  die Tei|ge
Teil, der
  auch: das Teil
  die Tei|le
  tei|len, sie teilt
Te|le|fon, das
  die Te|le|fo|ne
  te|le|fo|nie|ren
  te|le|fo|nisch
Tel|ler, der
  die Tel|ler
Tem|pe|ra|tur, die
  die Tem|pe|ra|tu|ren
Tem|po, das
  die Tem|pos
  mit hohem Tempo
  (Geschwindigkeit)

Ten|nis, das
  Ten|nis spie|len
  der Ten|nis|ball
Tep|pich, der
  die Tep|pi|che

 tausend/Tausend

Kleinschreibung
bis tausend zählen
vor tausend Jahren
tausend Tiere
tausendfach

Großschreibung
die Zahl Tausend

**Klein- oder Groß-
schreibung**
viele tausend/Tausend
Menschen

**Mit Zahl oder
ausgeschrieben**
tausendjährig – 1000-
jährig
tausendmal – 1000-mal

223

Ter bis tipp

Ter|min, der
  die Ter|mi|ne
Ter|ra|ri|um, das
  die Ter|ra|ri|en
Ter|ras|se, die
  die Ter|ras|sen
Test, der
  die Tests
  tes|ten, er tes|tet
teu|er
  teu|rer, am teu|ers|ten
Teu|fel, der
  die Teu|fel
  teuf|lisch
Text, der
  die Tex|te
The|a|ter, das
  die The|a|ter
The|ma
  die The|men
Ther|mo|me|ter, das
  die Ther|mo|me|ter
Thron, der
  die Thro|ne
Tick, der
  die Ticks
  einen kleinen Tick
  haben

ti|cken
  die Uhr tickt
Ti|cket, das
  die Ti|ckets
tief
  tie|fer, am tiefs|ten
  die Tie|fe
Tie|gel, der
  die Tie|gel
Tier, das
  die Tie|re
  tie|risch, tier|lieb
Ti|ger, der
  die Ti|ger
Tin|te, die
  die Tin|ten
Ti|pi, das
  die Ti|pis (Zelte)
Tipp, der
  die Tipps
tip|pen
  sie tippt
  der Tipp|zet|tel
tip|peln
  er tippelt durch den
  Flur (geht in kleinen
  Schritten)

Tisch bis tot

Tisch, der
 die Ti|sche
Toast, der
 das Toast|brot
 der Toas|ter
 toas|ten
to|ben
 sie tobt
 die To|be|rei
Toch|ter, die
 die Töch|ter
Tod, der
 tod|krank, tod|ernst
 sie ist todmüde (sehr
 müde)
 töd|lich ver|letzt
 aber: tot
Toi|let|te, die
 die Toi|let|ten
toll
 tol|ler, am tolls|ten
Toll|patsch, der
 die Toll|patsche
 er stellt sich tollpat-
 schig (ungeschickt) an
To|ma|te, die
 die To|ma|ten

Tom|bo|la, die
 die Tom|bo|las
 (Verlosung)
Ton, der
 die Tö|ne
Ton|ne, die
 die Ton|nen
 die Müll|ton|ne
top (sehr gut)
 der Top|star
 sie ist topfit (gesund)
Topf, der
 die Töp|fe
Tor, das
 die To|re
 der Tor|wart
Tor|nis|ter, der
 die Tor|nis|ter
Tor|te, die
 die Tor|ten
Tor|tel|li|ni, die
tot
 tot sein
 der To|te
 tö|ten, tö|tet
 wir haben uns fast
 totgelacht
 aber: der Tod

225

total bis Treck

to|tal
*er ist total (ganz und
gar) verrückt*
Tou|rist, der
die Tou|ris|ten
tra|ben
das Pferd trabt
der Trab
traf → treffen
tra|gen
er trägt, trug,
hat ge|tra|gen
Trai|ner, der
die Trai|ner,
die Trai|ne|rin
der Trai|nings|an|zug
trai|nie|ren,
sie trai|niert
Trak|tor, der
die Trak|to|ren
tram|peln
er tram|pelt
Trä|ne, die
die Trä|nen
die Augen tränen
trank → trinken

Trans|pa|rent, das
die Trans|pa|ren|te
trans|pa|rent (durch-
sichtig)
Trans|port, der
die Trans|por|te
trans|por|tie|ren
trat → treten
Trau|be, die
die Trau|ben
trau|en
sie traut sich etwas
Trau|er, die
die Trau|rig|keit
trau|ern
er trau|ert
Traum, der
die Träu|me
träu|men
er träumt
trau|rig
trau|ri|ger,
am trau|rigs|ten
Tre|cker, der
die Tre|cker

treff bis Trotz

tref|fen
sie trifft, traf,
hat ge|trof|fen
der Treff|punkt

trei|ben
er treibt, trieb,
hat ge|trie|ben

tren|nen
sie trennt sich von ihm
(verlässt ihn)
die Tren|nung

Trep|pe, die
die Trep|pen

tre|ten
sie tritt, trat,
hat ge|tre|ten

treu
treu|er, am treu|es|ten
die Treue

Trick, der
die Tricks

trie|fen
es trieft, trief|nass
er trieft vor Nässe

trin|ken
er trinkt, trank,
hat ge|trun|ken
das Trink|was|ser

trip|peln
sie trip|pelt
(geht in kleinen Schritten)

Tritt, der
die Trit|te

tro|cken
tro|cke|ner,
am tro|ckens|ten
trock|nen, es trock|net

trö|deln
sie trödelt (bummelt)

Trom|mel, die
die Trom|meln
trom|meln, er trom|melt

Trom|pe|te, die
die Trom|pe|ten

Trop|fen, der
die Trop|fen
tröp|feln, es tröp|felt
trop|fen, es tropft

trös|ten
er tröstet sie
der Trost
tröst|lich

Trotz, der
trot|zen,
sie trotzt
trot|zig

trotz bis turnen

trotz
trotz des Regens gehen
sie spazieren
trotz|dem
trüb
trü|ber, am trübs|ten
be|trübt
Tru|bel, der
trug → tragen
Tru|he, die
die Tru|hen
tschüs
auch: tschüss
Tschüs sa|gen
T-Shirt, das
die T-Shirts
Tu|be, die
die Tu|ben
Tuch, das
die Tü|cher
tüch|tig
tüch|ti|ger,
am tüch|tigs|ten
Tul|pe, die
die Tul|pen
tum|meln
er tummelt sich
(beeilt sich)
das Ge|tüm|mel

Tüm|pel, der
die Tüm|pel
tun
du tust,
sie tut, tat, hat ge|tan
Tun|nel, der
die Tun|nel
auch: die Tun|nels
Tup|fen, der
das Kleid hat
rosa Tupfen
Tüpfel|chen, ge|tupft
Tür, die
die Tü|ren
Tür|kei, die
tür|kisch, die Tür|ken
tür|kis
ein türkises Kleid
(blaugrün)
Turm, der
die Tür|me
tur|nen
sie turnt
der Tur|ner,
die Tur|ne|rin
die Turn|hal|le
die Turn|schu|he

228

Tur bis über

Tur|nier, das
  die Tur|nie|re
  das Fuß|ball|tur|nier
Tu|sche, die
  die Tu|schen
  der Tusch|kas|ten
  tu|schen, sie tuscht
tu|scheln
  er tuschelt ihr etwas zu
  (flüstern)
  das Ge|tu|schel
Tü|te, die
  die Tü|ten
tu|ten
  es tu|tet, die Tu|te
twit|tern
  sie twit|tert
Typ, der
  die Ty|pen
  ty|pisch

U/u

U-Bahn, die
  die U-Bah|nen
  (*kurz für:*
  Un|ter|grund|bahn)
übel
  üb|ler, am übels|ten
  mir ist übel (schlecht)
üben
  sie übt
  die Übung,
  die Übun|gen
über
  über al|lem
  über Nacht
über|all
über|an|stren|gen
  sie hat sich beim Sport
  überanstrengt
über|ar|bei|ten
Über|blick, der
  et|was über|bli|cken
über|ein|ander
über|ein|stim|men
über|fah|ren

Über bis um

Über|fahrt, die
eine Überfahrt mit dem Schiff
über|fal|len → fallen
der Über|fall
über|haupt
über|ho|len
er überholt alle
über|hö|ren
sie überhört etwas
über|le|gen
er überlegt sich das noch
die Über|le|gung
über|mor|gen
Über|mut, der
über|mü|tig
über|que|ren
sie überquert die Straße
über|ra|schen
das überrascht mich
die Über|ra|schung
über|ra|schend
Über|schrift, die
die Über|schrif|ten
über|schwem|men
über|schwemmt
die Über|schwem|mung

über|se|hen
Über|sicht, die
über|trei|ben
sie übertreibt ein bisschen
die Über|trei|bung
Über|weg, der
die Über|we|ge
über|zeu|gen
sie über|zeugt sich
die Über|zeu|gung
üb|lich
üb|rig
üb|ri|gens
Übung, die
die Übun|gen
Ufer, das
die Ufer
Uhr, die
die Uh|ren
die Uhr|zeit
acht Uhr, um 8 Uhr
Uhu, der
die Uhus
ul|kig
das ist ulkig (spaßig)
um
um das Haus herum

230

uma bis **unent**

um|ar|men
 sie um|armt
 die Um|ar|mung
um|dre|hen
 er dreht sich um
um|ein|an|der
 sie kümmern sich
 umeinander
um|fal|len
 sie fällt um,
 fiel um,
 ist um|ge|fal|len
Um|fang, der
 das Buch hat einen
 Umfang von 160 Seiten
Um|ge|bung, die
um|her
 um|her|ge|hen
um|keh|ren
 sie kehrt um
um|kip|pen
 das Glas kippt um
um|klei|den
 er kleidet sich um
Um|laut, der
 die Um|lau|te (a, ö, ü)

ums
 er geht ums (um das)
 Haus herum
um|so
 um|so mehr
um|sonst
Um|weg, der
 die Um|we|ge
Um|welt, die
 der Um|welt|schutz
um|zie|hen
 sie zieht sich um
Um|zug, der
 die Um|zü|ge
 er zieht um
un|an|ge|nehm
un|be|dingt
 du musst unbedingt
 (auf jeden Fall)
 kommen
un|be|kannt
un|be|stimmt
und
un|ent|schie|den
 das Spiel endete unent-
 schieden

unf bis unter

un|fair
  (ungerecht)
Un|fall, der
  die Un|fäl|le
un|freund|lich
  un|freund|li|cher,
  am un|freund|lichs|ten
Un|fug, der
  ihr macht Unfug
  (dumme Sachen)
un|ge|dul|dig
un|ge|fähr
un|ge|recht
  die Un|ge|rech|tig|keit
Un|ge|tüm, das
  die Un|ge|tü|me
  (Ungeheuer)
Un|glück, das
  un|glück|lich
un|gül|tig
un|heim|lich
  un|heim|li|cher,
  am un|heim|lichs|ten
un|klar
Un|kraut, das
un|le|ser|lich
un|mög|lich

un|nö|tig
un|nütz
Un|recht, das
Un|ru|he, die
  un|ru|hig
uns
  un|ser, un|se|re
Un|schuld, die
  un|schul|dig
un|si|cher
Un|sinn, der
  un|sin|nig
un|ten
  hier un|ten
un|ter
  sie steht unter
  dem Baum
  sie stellt sich unter
  den Baum
un|ter|brechen
  unterbrich mich nicht!
Un|ter|füh|rung, die
  die Un|ter|füh|run|gen
un|ter|hal|ten
  er un|ter|hält sich,
  un|ter|hielt sich,
  hat sich un|ter|hal|ten
  die Un|ter|hal|tung

Un bis UV

Un|ter|hemd, das
  die Un|ter|hem|den
Un|ter|ho|se, die
  die Un|ter|ho|sen
Un|ter|richt, der
  un|ter|rich|ten,
  sie un|ter|rich|tet
un|ter|schei|den
  der Un|ter|schied
  un|ter|schied|lich
Un|ter|schen|kel, der
  die Un|ter|schen|kel
un|ter|schrei|ben
  sie hat den Brief
  unterschrieben
Un|ter|schrift, die
  die Un|ter|schrif|ten
un|ter|strei|chen
  sie hat die Wörter
  unterstrichen
un|ter|su|chen
  der Kranke wird
  untersucht
  die Un|ter|su|chung
un|ter|wegs
un|ver|ständ|lich
un|zu|frie|den
Up|date, das
  die Up|dates

Ur|groß|mut|ter, die
  die Ur|groß|müt|ter
Ur|groß|va|ter, der
  die Ur|groß|vä|ter
Ur|kun|de, die
  die Ur|kun|den
Ur|laub, der
  die Ur|lau|be
  die Ur|lau|ber
Ur|sa|che, die
  die Ur|sa|chen
Ur|teil, das
  die Ur|tei|le
  ur|tei|len, er ur|teilt
Ur|wald, der
  die Ur|wäl|der
Ur|zeit|mensch, der
  die Ur|zeit|men|schen
USA, die
  (*kurz für:* United States
  of America, Vereinigte
  Staaten von Amerika)
usw.
  kurz für: und so wei|ter
UV-Strah|len, die
  kurz für: Ultraviolett-
  strahlen

A
B
C
D
E
F
G
H
I
J
K
L
M
N
O
P
Qu
R
S
T
U
V
W
X
Y
Z

233

Vam bis ver

V/v

Vam|pir, der
die Vam|pi|re
Va|nil|le, die
der Va|nil|le|pud|ding
Va|se, die
die Va|sen
Va|ter, der
die Vä|ter, vä|ter|lich
Veil|chen, das
die Veil|chen
Ven|til, das
die Ven|ti|le
ver|ab|re|den
er verabredet sich
die Ver|ab|re|dung
ver|ab|schie|den
sie verabschiedet sich
die Ver|ab|schie|dung
Verb, das
(Tätigkeitswort,
Tunwort)
die Ver|ben
Ver|band, der
die Ver|bän|de

ver|bes|sern
er verbessert den Text
die Ver|bes|se|rung
ver|bie|ten
er ver|bie|tet, ver|bot,
hat ver|bo|ten
ver|bin|den
sie ver|bin|det,
ver|band,
hat ver|bun|den
die Ver|bin|dung
Ver|bot, das
die Ver|bote
ver|bo|ten
das ist verboten
ver|brau|chen
er ver|braucht
der Ver|brau|cher,
die Ver|brau|che|rin
der Ver|brauch
ver|bren|nen
ver|brannt
ver|däch|ti|gen
er verdächtigt mich
ver|der|ben
es ver|dirbt, ver|darb,
das ist verdorben
(schlecht geworden)

234

verd bis verl

ver|dop|peln
ver|dop|pelt
ver|duns|ten
es ver|duns|tet
Ver|ein, der
die Ver|ei|ne
ver|ei|nen, ver|eint
ver|ges|sen
sie ver|gisst, ver|gaß,
hat ver|ges|sen
ver|gess|lich
Ver|gif|tung, die
die Ver|gif|tun|gen
ver|gif|ten, ver|gif|tet
Ver|giss|mein|nicht, das
ver|glei|chen
sie ver|gleicht, ver|glich,
hat ver|gli|chen
der Ver|gleich
ver|gnü|gen
er vergnügt sich
das Ver|gnü|gen
ver|hal|ten
er verhält sich richtig
das Ver|hal|ten
ver|ir|ren
er verirrt sich

ver|kau|fen
sie ver|kauft
der Ver|kauf
der Ver|käu|fer,
die Ver|käu|fe|rin
Ver|kehr, der
die Ver|kehrs|re|geln
das Ver|kehrs|schild
ver|kehrt
ver|kehrt he|rum
ver|klei|den
er verkleidet sich
die Ver|klei|dung
ver|las|sen
sie verlässt sich auf ihn
er fühlt sich verlassen
ver|lau|fen
sie verläuft sich
ver|lei|hen
er verleiht sein Buch
ver|let|zen
sie verletzt sich an der
Hand
die Ver|let|zung
ver|lie|ben
sich ver|lie|ben
sie hat sich verliebt

verl bis ver

ver|lie|ren
sie ver|liert, ver|lor,
hat ver|lo|ren
ver|mis|sen
er vermisst sie
ver|mu|ten
er ver|mu|tet
die Ver|mu|tung
das stimmt vermutlich
(wahrscheinlich)
ver|pa|cken
ver|packt
die Ver|pa|ckung
ver|pas|sen
sie verpasst den Bus
ver|pet|zen
er hat mich verpetzt
ver|ra|ten
er ver|rät, ver|riet,
hat ver|ra|ten
ver|rech|nen
er ver|rech|net sich
ver|rei|sen
sie ver|reist
ver|renken
er hat sich die Schulter
verrenkt

ver|rückt
Vers, der
die Verse (Zeilen) des
Gedichts
ver|säu|men
sie versäumt (verpasst)
den Zug
ver|schie|den
ver|schie|den|ar|tig
etwas ganz Ver-
schiedenes
ver|schla|fen
er ver|schläft
ver|schlu|cken
sie hat sich verschluckt
ver|schmut|zen
es ist alles verschmutzt
ver|schwin|den
sie ver|schwin|det,
ver|schwand,
ist ver|schwun|den
Ver|se|hen, das
das habe ich aus
Versehen getan
ver|set|zen
er wurde versetzt

vers bis Verz

ver|söh|nen
er versöhnt sich mit ihr
die Ver|söh|nung
ver|spä|ten
er verspätet sich
die Ver|spä|tung
ver|spre|chen
sie ver|spricht,
ver|sprach,
hat ver|spro|chen
das Ver|spre|chen
Ver|stand, der
das Ver|ständ|nis
ver|ständ|lich
sie verständigen sich
ver|ste|cken
sie ver|steckt sich
das Ver|steck
sie spielen Verstecken
ver|ste|hen
er ver|steht, ver|stand,
hat ver|stan|den
ver|su|chen
er ver|sucht es
der Ver|such
ver|tei|di|gen
sie ver|tei|digt sich
die Ver|tei|di|gung

ver|tei|len
sie verteilt Geschenke
ver|tra|gen
*er verträgt sich wieder
mit ihr*
Ver|trau|en, das
ver|trau|en, ver|traut
ver|wandt
der Ver|wand|te,
die Ver|wand|ten
die Ver|wandt|schaft
ver|wech|seln
sie verwechselt etwas
die Ver|wechs|lung
ver|wel|ken
*die Blumen sind ver-
welkt*
ver|wen|den
er hat etwas verwendet
die Ver|wen|dung
ver|wöh|nen
sie verwöhnt ihn
er ist verwöhnt
Ver|zeich|nis, das
die Ver|zeich|nis|se
das In|halts|ver|zeich|nis

ver bis Volk

ver|zei|hen
  sie ver|zeiht, ver|zieh,
  hat ver|zie|hen
Ver|zei|hung, die
  ich bitte dich um
  Verzeihung
  (Entschuldigung)
ver|zie|ren
  sie verziert den Text
  die Ver|zie|rung
Vi|deo|film, der
  die Vi|deo|fil|me
  der Vi|deo|re|kor|der
Vieh, das
viel
  mehr, am meis|ten
viel|leicht
vier/Vier ➜
  vier|zehn, vier|zig,
  vier|hun|dert
vio|lett
  sie trägt
  ein violettes T-Shirt
Vi|ta|min, das
  die Vi|ta|mi|ne
Vo|gel, der
  die Vö|gel
  das Vo|gel|haus

Vo|ka|bel, die
  die Vo|ka|beln
Vo|kal, der (Selbstlaut)
  die Vo|ka|le
Volk, das
  die Völ|ker
  das Volks|lied

➜ **vier/Vier**

Kleinschreibung
vier Jahre alt sein
vier mal zwei
es ist halb vier
viertens

Großschreibung
die Zahl Vier
eine Vier schreiben
eine Vier im Zeugnis
er wurde Vierter

Mit Zahl oder
ausgeschrieben
vierjährig – 4-jährig
viermal – 4-mal
am vierten *oder* 4. Mai

voll bis vor

voll
voll|ler, am volls|ten
ich bin voll zufrieden
voll|kom|men
voll|stän|dig
Vol|ley|ball, der
die Vol|ley|bäl|le
völ|lig
du hattest völlig recht
vom
*das kommt vom (von
dem) starken Regen*
von
von mir aus
vor
vor al|lem
vo|ran
vo|ran|kom|men
vo|raus
vo|raus|ge|hen
vor|bei
vor|bei|ge|hen
Vor|bild, das
die Vor|bil|der
vor|bild|lich
Vor|der|rad, das
die Vor|der|rä|der

vor|drän|geln
er drängelt sich vor
Vor|fahrt, die
vor|ges|tern
Vor|hang, der
die Vor|hän|ge
vor|her
vor|hin
vo|rig
das vorige Mal
vor|kom|men
*das kommt vor (kann
passieren)*
vor|läu|fig
*ich arbeite vorläufig
(erst einmal) mit einem
geliehenen Buch*
vor|le|sen
er liest vor, las vor,
hat vor|ge|le|sen
vorm
*er steht vorm (vor dem)
Haus*
vor|ma|chen
er macht es vor

239

Vor bis Vulkan

Vormittag/
 vormittags →
 der Vor|mit|tag,
 die Vor|mit|ta|ge
 vor|mit|tags
vorn
 auch: vor|ne
 komm bitte nach vorn
Vor|na|me, der
 die Vor|na|men
vors
 sie ging vors (vor das) Haus
Vor|schlag, der
 die Vor|schlä|ge
 vor|schla|gen
vor|se|hen
 sieh dich vor!
Vor|sicht, die
 vor|sich|tig
vor|stel|len
 sie stellt sich vor
 die Vor|stel|lung
Vor|teil, der
 die Vor|tei|le
vo|rü|ber

vor|wärts
Vul|kan, der
 die Vul|ka|ne

→ **Vormittag/**
   vormittags

Großschreibung
am Vormittag
jeden Vormittag
heute Vormittag
der Dienstagvormittag

Kleinschreibung
vormittags
dienstagvormittags

Waage bis Wand

W/w

Waa|ge, die
die Waa|gen
sie wiegt sich auf einer Waage
waa|ge|recht
wach
wach blei|ben
wach sein
wach|sam
sie wacht auf
Wachs, das
die Wachs|ker|ze
wach|sen
sie wächst, wuchs,
ist ge|wach|sen
wa|ckeln
er wa|ckelt
wa|cke|lig
Wa|de, die
dic Wa|den
Waf|fel, die
die Waf|feln
wa|gen
sie wagt
wer wagt, gewinnt
das Wag|nis

Wa|gen, der
die Wa|gen
Wag|gon, der
die Wag|gons
Wahl, die
die Wah|len
wäh|len, sie wählt
wahr
wahr sein
wahr|schein|lich
die Wahr|heit
wäh|rend
während der Ferien
wäh|rend|des|sen
Wai|se, die
die Wai|sen
das Wai|sen|haus
Wal, der
die Wa|le
Wald, der
die Wäl|der
Wall, der
die Wäl|le
Wal|nuss, die
die Wal|nüs|se
Wand, die
die Wän|de

241

wan bis weben

wan|dern
er wan|dert
die Wan|de|rung
Wan|ge, die
die Wan|gen
sie hat rote Wangen
(Backen)
wann
wann kommst du?
Wan|ne, die
die Wan|nen
die Ba|de|wan|ne
war → sein
ich war, du warst,
er, sie, es war,
sie waren, ihr wart
wä|re
ich wä|re froh da|rü|ber
Wa|re, die
die Wa|ren
das Wa|ren|haus
warf → werfen
warm
wär|mer, am wärms|ten
sich wär|men
die Wär|me

war|nen
ich warne dich!
sie warnt
die War|nung
das Warn|schild
war|ten
sie war|tet
das War|te|zim|mer
wa|rum
War|ze, die
die War|zen
was
was ist los?
wa|schen
du wäschst,
er wäscht, wusch,
hat ge|wa|schen
die Wä|sche
die Wä|sche|rei
die Wasch|ma|schi|ne
Was|ser, das
die Was|ser
der Was|ser|hahn
Wat|te, die
we|ben
die Spinne webt ein
Netz

242

Web bis Weile

Web|site, die
  die Web|sites
wech|seln
  sie wech|selt
  sie wechseln sich ab
we|cken
  er weckt
  auf|we|cken
  der We|cker
we|deln
  der Hund wedelt mit
  dem Schwanz
we|der
  weder . . . noch
weg
  sie ist weg
Weg, der
  die We|ge
we|gen
  mei|net|we|gen
  von we|gen
  wegen des Regens
weg|fal|len → fallen
weg|ge|hen → gehen
weg|lau|fen → laufen
weg|neh|men → nehmen
weg|wer|fen → werfen

we|he
  wehe, du tust mir
  etwas!
we|hen
  es weht
  die Schnee|we|he
weh|ren
  sie wehrt sich
weh|tun
  es tut weh,
  tat weh,
  hat weh|ge|tan
  je|man|dem weh|tun
weich
  wei|cher,
  am weichs|ten
Wei|de, die
  die Wei|den
  das Wei|den|kätz|chen
Weih|nach|ten
  das Weih|nachts|fest
  weih|nacht|lich
weil
Wei|le, die
  die Lan|ge|wei|le
  sich lang|wei|len

243

wei bis wenden

wei|nen
sie weint
wei|ner|lich
wei|sen
er weist, wies,
sie hat ihm den Weg
gewiesen (gezeigt)
der Weg|wei|ser
weiß → wissen
weiß/Weiß →
weit
wei|ter, am wei|tes|ten
weit und breit
die Wei|te
wei|ter
wei|ter|fah|ren → fahren
wei|ter|ge|hen → gehen
Wei|zen, der
welch
welch ein, welch ei|ne,
wel|cher, wel|che,
wel|ches
welk
wel|ken, welkt
die Blumen sind welk
(trocken)

Wel|le, die
die Wel|len
Welt, die
die Wel|ten
der Welt|raum
welt|be|rühmt
wem
Wem|fall, der
(Dativ)
wen
wen|den
er wen|det
sie wendet sich ab

→ **weiß/Weiß**

Kleinschreibung
mein T-Shirt ist weiß
mein weißes T-Shirt
weiß gestreift, *auch:*
weißgestreift
weißhaarig
etwas weiß anmalen

Großschreibung
die Farbe Weiß
das Weiß der Wolken
ganz in Weiß

Wen bis wick

Wen|fall, der
(Akkusativ)
we|nig
we|ni|ger,
am we|nigs|ten
we|nigs|tens
wenn
wer
Wer|bung, die
wer|ben, wirbt,
ge|wor|ben
wer|den
ich wer|de, du wirst,
sie wird, wur|de,
ist ge|wor|den
Wer|fall, der
(Nominativ)
wer|fen
du wirfst, er wirft,
warf, hat ge|wor|fen
Werk, das
die Wer|ke
wert
wert sein
Wert, der
die Wer|te
Wes|fall, der
(Genitiv)

wes|halb
weshalb (warum)
weinst du?
Wes|pe, die
die Wes|pen
der Wes|pen|stich
wes|sen
Wes|ten, der
west|lich,
west|li|cher,
am west|lichs|ten
wes|we|gen
Wet|te, die
die Wet|ten
wet|ten
sie wet|tet
Wet|ter, das
die Wet|ter
der Wet|ter|be|richt
Wicht, der
die Wich|te
die Wich|tel
wich|tig
wich|ti|ger,
am wich|tigs|ten
wi|ckeln
sie wi|ckelt

245

wider bis Wimpel

wi|der (gegen) →
wie
wie geht es dir?
wie viel, wie vie|le
wie|der →
(noch ein|mal)
wie|der|kom|men
→ kommen
wie|der|se|hen →
wie|gen
er wiegt, wog,
er hat sich auf der
Waage gewogen
aber: sie wiegte,
sie hat das Baby in der
Wiege gewiegt
wie|hern
das Pferd wiehert
Wie|se, die
die Wie|sen
wie|so
wild
wil|der, am wil|des|ten
das Wild, die Wild|nis
will → wollen
Wil|le, der

will|kom|men
herzlich willkommen
aber: ein herzliches
Willkommen
Wim|pel, der
die Wim|pel

→ **wider**
(gegen)

widerlich
widersprechen
widerstehen
erwidern
widerspiegeln
der Widerstand

→ **wieder**
(noch einmal)

immer wieder
nie wieder
schon wieder
wiederkommen
das Wiedersehen
Auf Wiedersehen

Wim bis Woche

Wim|per, die
die Wim|pern
Wind, der
die Win|de
die Wind|kraft|an|la|ge
die Wind|müh|le
win|dig
win|di|ger,
am win|digs|ten
Win|kel, der
die Win|kel
der Win|kel|mes|ser
wink|lig
win|ken
er wink|te,
er hat gewinkt
(*auch:* ge|wun|ken)
Win|ter, der
die Win|ter, win|ter|lich
win|zig
win|zi|ger,
am win|zigs|ten
der Winz|ling
wip|pen
sie wippt, die Wip|pe
wir
wir al|le

Wir|bel, der
die Wir|bel
die Wir|bel|säu|le
der Wir|bel|wind
wird → werden
wirft → werfen
wir|ken
es wirkt
wirk|lich
die Wirk|lich|keit
wirst → werden
wi|schen
du wischst, er wischt
wis|sen
du weißt,
sie weiß, wuss|te,
hat ge|wusst
das Wis|sen
Witz, der
die Wit|ze
wit|zig, wit|zi|ger,
am wit|zigs|ten
wo
wo|bei, wo|für, wo|her,
wo|hin, wo|mit
Wo|che, die
die Wo|chen
das Wo|chen|en|de
wö|chent|lich

wog bis Wurm

wog → wiegen
wohl
 woh|ler,
 am wohls|ten
 sich wohl|füh|len
woh|nen
 sie wohnt
Woh|nung, die
 die Woh|nun|gen
Wolf, der
 die Wöl|fe
Wol|ke, die
 die Wol|ken
 be|wölkt
 wol|kig
Wol|le, die
 wol|lig
wol|len
 ich will, du willst,
 sie will, ihr wollt,
 wir wol|len
World Wide Web
 kurz: WWW
 (Weltweites
 Informationssystem
 im Internet)

Wort, das
 die Wör|ter
 Wort hal|ten
 die Wort|art
 der Wort|bau|stein
 die Wort|fa|mi|lie
 das Wort|feld
 das Wör|ter|buch
 die wört|li|che Re|de
wund
 wund sein
 die Wun|de
Wun|der, das
 die Wun|der
 wun|der|bar
 ich wundere mich
Wunsch, der
 die Wün|sche
 wün|schen,
 du wünschst,
 er wünscht
Wurf, der
 die Wür|fe
Wür|fel, der
 die Wür|fel
 wür|feln, sie wür|felt
Wurm, der
 die Wür|mer

248

Wurst, die
  die Würs|te
  das Würst|chen
Wür|ze, die
  das Ge|würz
  wür|zig
Wur|zel, die
  die Wur|zeln
wusch → waschen
wuss|te → wissen
Wüs|te, die
  die Wüs|ten
Wut, die
  wü|tend

X/x

Xy|lo|fon, das
  auch: das Xy|lo|phon
  die Xy|lo|fo|ne,
  die Xy|lo|pho|ne

Y/y

Yacht, die
  die Yach|ten
  auch: die Jacht
Yak, der
  auch: das Jak
  die Yaks
Yo-Yo, das
  die Yo-Yos
  auch: das Jo-Jo
Yp|si|lon, das
  die Yp|si|lons

Z/z

Za|cke, die
  auch: der Za|cken,
  die Za|cken
  za|ckig, ge|zackt
zäh
  zä|her, am zä|hes|ten
Zahl, die
  die Zah|len
  zah|len, sie zahlt
zäh|len
  sie zählt,
  du zählst,
  hast ge|zählt
zahm
  zah|mer, am zahms|ten
  die Zäh|mung
Zahn, der
  die Zäh|ne
  der Zahn|arzt,
  die Zahn|ärz|tin
  die Zahn|bürs|te
  du musst dir die Zähne
  putzen
  aber: beim
  Zähneputzen

Zan|ge, die
  die Zan|gen
zan|ken
  sie zankt sich (streitet)
  mit ihm
  Zank und Streit
Zap|fen, der
  die Zap|fen
zap|peln
  er zap|pelt
zap|pen
  sie zappt
zart
  zärt|lich
  die Zärt|lich|keit
Zau|ber, der
  der Zau|be|rer,
  die Zau|be|rin
  zau|bern, zau|bert
  der Zau|ber|trick
Zaum, der
  das Zaum|zeug
  zäu|men
  ein Pferd zäumen
Zaun, der
  die Zäu|ne

Zebra bis **Zent**

Ze|bra, das
  die Ze|bras
  der Ze|bra|strei|fen
Ze|he, die
  auch: der Zeh,
  die Ze|hen
zehn/Zehn →
Zei|chen, das
  die Zei|chen
zeich|nen
  sie zeich|net
  die Zeich|nung
zei|gen
  er zeigt
  der Zei|ge|fin|ger
  der Zei|ger
Zei|le, die
  die Zei|len
Zeit, die
  die Zei|ten
  die Zeit|schrift
  die Zei|tung
zei|tig
  er muss zeitig (früh)
  aufstehen
Zelt, das
  die Zel|te
  zel|ten, er zel|tet

Zen|sur, die
  die Zen|su|ren
  zen|sie|ren, zen|siert
Zen|ti|me|ter, der
  die Zen|ti|me|ter
  (*kurz:* cm)
Zent|ner, der
  die Zent|ner

→ **zehn/Zehn**

Kleinschreibung
zehn Jahre alt sein
zehn mal zwei
es ist halb zehn
zehntens

Großschreibung
die Zahl Zehn
er wurde Zehnter

**Mit Zahl oder
ausgeschrieben**
zehnjährig – 10-jährig
zehnmal   10-mal
am zehnten *oder* 10. Mai

A B C D E F G H I J K L M N O P Qu R S T U V W X Y **Z**

251

s Zirkus

A
B
C
D
E
F
G
H
I
J
K
L
M
N
O
P
Qu
R
S
T
U
V
W
X
Y
Z

Zen|trum, das
die Zen|tren
Zep|pe|lin, der
(Luftschiff)
die Zep|pe|li|ne
zer|bre|chen → brechen
zer|brech|lich
zer|fal|len
es zer|fällt, zer|fiel
zer|plat|zen
der Luftballon ist zer-
platzt
zer|rei|ßen → reißen
zer|ren
er zerrt
die Zer|rung
zer|ris|sen → reißen
Zet|tel, der
die Zet|tel
Zeug, das
Zeug|nis, das
die Zeug|nis|se
Zick|zack, der
im Zickzack laufen
Zie|ge, die
die Zie|gen
Zie|gel, der
die Zie|gel

zie|hen
sie zieht, zog,
hat ge|zo|gen
Ziel, das
die Zie|le
zie|len, sie zielt
ziem|lich
das ist ziemlich (recht)
weit
zier|lich
Zif|fer, die
die Zif|fern
Zim|mer, das
die Zim|mer
zim|per|lich
zim|per|li|cher,
am zim|per|lichs|ten
sei nicht so zimperlich!
Zimt, der
Zip|fel, der
die Zip|fel
die Zip|fel|müt|ze
Zir|kel, der
die Zir|kel
Zir|kus, der
die Zir|kus|se
auch: der Cir|cus

252

zi|schen
du zischst, es zischt
Zi|tro|ne, die
die Zi|tro|nen
zit|tern
er zit|tert, zitt|rig
zog → ziehen
Zoo, der
die Zoos
zoo|lo|gisch
Zopf, der
die Zöp|fe
Zorn, der
zor|nig
zot|te|lig
die Zot|teln
zu
zu groß
zu viele
zu|bin|den → binden
zu|cken
sie zuckt mit den
Schultern
Zu|cker, der
zu|cker|süß
zu|ein|an|der
zu En|de
zu|erst

Zu|fall, der
die Zu|fäl|le
zu|fäl|lig
zu|frie|den
zu|frie|den sein
zu Fuß
zu Fuß ge|hen
Zug, der
die Zü|ge
Zü|gel, der
die Zü|gel, zü|geln
zu|gleich
zu Hau|se
auch: zu|hau|se
zu|hö|ren
sie hört zu
Zu|kunft, die
zu|künf|tig
zu|letzt
zu guter Letzt
zu|lie|be
mir zu|lie|be
zum
sie geht zum (zu dem)
Sportfest
zu|meist (meis|tens)
zu|mu|te
zu|nächst

Zwiebel

Zu|na|me, der
die Zu|na|men
(Familiennamen)
Zun|ge, die
die Zun|gen
zu|pa|cken
zur
er geht zur (zu der)
Party
zu|recht
zu|recht|kom|men
zu|recht|le|gen
zu|recht|ma|chen
zu|rück
zu|rückblei|ben
→ bleiben
zu|rück|ge|ben → geben
zu|rück|ge|hen → gehen
zu|sam|men
Zu|sam|men|arbeit, die
zu|sam|men|hal|ten
wir müssen zusammen-
halten
zu|sam|men sein
zu|sam|men|sto|ßen
→ stoßen
zu|sätz|lich
Zu|tat, die
die Zu|ta|ten

zu viel
zu we|nig
Zwang, der
die Zwän|ge
zwan|zig/Zwanzig
zwan|zig Kin|der
die Zahl Zwan|zig
zwar
Zweck, der
die Zwe|cke, zweck|los
zwei/Zwei →
zwei|hun|dert,
zwei|tau|send
Zwei|fel, der
die Zwei|fel
zwei|feln, er zwei|felt
Zweig, der
die Zwei|ge
ver|zweigt
Zwerg, der
die Zwer|ge
Zwerg|ka|nin|chen, das
die Zwerg|ka|nin|chen
zwi|cken
es zwickt
Zwie|back, der
die Zwie|ba|cke
Zwie|bel, die
die Zwie|beln

254

Zwill bis Zy...

Zwil|ling, der
  die Zwil|lin|ge
zwin|gen
  sie zwingt, zwang,
  sie hat mich dazu
  gezwungen
zwin|kern
  er zwinkert ihr mit den
  Augen zu

zwi|schen
  zwi|schen|durch
zwit|schern
  er zwit|schert
zwölf/Zwölf →
Zy|lin|der, der
  die Zy|lin|der

→ **zwei/Zwei**

Kleinschreibung
zwei Jahre alt sein
zwei mal zwei
es ist halb zwei
zweitens

Großschreibung
die Zahl Zwei
eine Zwei schreiben
eine Zwei im Zeugnis
er wurde Zweiter

Mit Zahl oder
ausgeschrieben
zweijährig – 2-jährig
zweimal – 2-mal
am zweiten *oder* 2. Mai

→ **zwölf/Zwölf**

Kleinschreibung
zwölf Jahre alt sein
zwölf mal zwei
es ist halb zwölf
zwölftens

Großschreibung
die Zahl Zwölf
er wurde Zwölfter

Mit Zahl oder
ausgeschrieben
zwölfjährig – 12-jährig
zwölfmal – 12-mal
am zwölften *oder*
12. Mai

prache

Die Wortarten

Nomen (Namenwörter/Substantive)

Nomen sind Wörter für Menschen, Tiere, Pflanzen,
Dinge, Gefühle, Gedanken:
Kind, Katze, Blume, Haus, Freude, Traum, …
Nomen werden großgeschrieben.
Sie stehen fast immer mit einem Begleiter.

Begleiter können Artikel sein:
der, die, das, des, dem, den, ein, eine, eines, einer, …
der Sturm, die Sonne, das Gewitter.
Begleiter können aber auch andere Wörter sein:
kein, manche, diese, …
keine Angst, dieses Glück, manches Schöne, …

Die meisten **Nomen** können in **Singular (Einzahl)** und
Plural (Mehrzahl) stehen:
der Freund, ein Freund – die Freunde, viele Freunde
die Freundin, eine Freundin – die Freundinnen,
Die **Pluralform** kann ganz unterschiedlich aussehen:
Rind – Rinder, Zebra – Zebras, Ratte – Ratten
Fisch – Fische, Leopard – Leoparden, Kuh – Kühe.

Nomen kann man **zusammensetzen**.

Mit zusammengesetzten **Nomen** kann man etwas genauer bezeichnen:

der Hund – die Hütte – die Hundehütte

Der erste Teil heißt **Bestimmungswort**: Hundehütte, der zweite Teil heißt **Grundwort**:   Hundehütte.

Der Artikel richtet sich immer nach dem Grundwort: der Hund – die Hütte → die Hundehütte.

Nomen haben vier Fälle

Nominativ (Werfall)	Der Esel ist sehr alt.	Wer oder was?
Akkusativ (Wenfall)	Das Kind streichelt den Esel.	Wen oder was?
Dativ (Wemfall)	Der Bauer gibt dem Esel Futter.	Wem?
Genitiv (Wesfall)	Der Stall des Esels ist warm.	Wessen?

Artikel (Begleiter)

Artikel begleiten oftmals die **Nomen**.
Deshalb nennt man sie Begleiter.
Es gibt **bestimmte** Artikel: *der, die, das, des, dem, den*
und **unbestimmte:** *ein, eine, eines, einer, einem, einen.*

Der Artikel sagt, ob ein Nomen
männlich, weiblich oder **sächlich** ist:
männlich: *der Mann,   der Löffel*
weiblich: *die Frau,   die Gabel*
sächlich: *das Kind,   das Messer*

Den **bestimmten Artikel** gebraucht man meistens,
wenn etwas, von dem man redet, schon bekannt ist.

Den **unbestimmten Artikel** gebraucht man meistens,
wenn in einem Text etwas zum ersten Mal vorkommt
und noch unbestimmt ist.
Den bestimmte Artikel verwendet man,
wenn es zum zweiten Mal vorkommt und
schon bekannt ist:

Auf einem Baum saß ein Rabe.
Der Rabe auf dem Baum krächzte.

Pronomen (Fürwörter)

Pronomen sind kleine Wörter, die man für Nomen
einsetzen kann.
So müssen die Nomen nicht ständig wiederholt werden.
Für Julia kann *sie* stehen,
für Julias Freund – *ihr* Freund.

Die Pronomen sind:
ich, du, er, sie, es, wir, ihr, sie.

Dazu gehören die besitzanzeigenden Pronomen:
mein, dein, sein, ihr, sein, unser, euer, ihr.

Das sind die **Pronomen** im 1., 3. und 4. Fall:

Nominativ		Dativ		Akkusativ		
ich	helfe	mir /	meinem Kater	ich	rette	mich / meinen Kater
du	hilfst	dir /	deinem Kater	du	rettest	dich / deinen Kater
er	hilft	ihm /	seinem Kater	er	rettet	ihn / seinen Kater
sie	hilft	ihr /	ihrem Kater	sie	rettet	sie / ihren Kater
es	hilft	ihm /	seinem Kater	es	rettet	es / seinen Kater
wir	helfen	uns /	unserem Kater	wir	retten	uns / unseren Kater
ihr	helft	euch /	eurem Kater	ihr	rettet	euch / euren Kater
sie	helfen	ihnen /	ihrem Kater	sie	retten	sie / ihren Kater

259

Verben (Tuwörter/Tätigkeitswörter)

Verben sind Wörter, die sagen, was jemand tut oder was passiert:
Das Kind springt. *Die Blume blüht.*

Im Wörterbuch stehen Verben im **Infinitiv** (Grundform):
springen, blühen
Nach dem Infinitiv steht die **Personalform**
(Er-, Sie-, Es-Form):
lesen
er liest, las, hat gelesen

Zeitformen der Verben

Mit Verben kann man auch etwas über die Zeit sagen, in der etwas passiert.
Verben haben eine **Gegenwartsform** und zwei **Vergangenheitsformen**:
- **Präsens** (Gegenwartsform):
   Lisa spielt. Felix geht.
Das Präsens gebrauchen wir meistens, wenn wir über etwas sprechen oder schreiben, was gerade passiert.
- **Präteritum** (einfache Vergangenheitsform):
   Lisa spielte. Felix ging.
Das Präteritum verwenden wir, wenn wir über etwas schreiben, was früher geschah.

260

- **Perfekt** (zusammengesetzte Vergangenheitsform):
  Lisa hat gespielt. Felix ist gegangen.
Das Perfekt verwenden wir meistens, wenn wir münd-
lich über etwas Vergangenes erzählen.
- **Futur** (Zukunftsform):
Das Futur wählen wir manchmal, wenn wir etwas über
die Zukunft aussagen:
  Wir werden noch öfter zusammen spielen.

Adjektive (Wiewörter)

Adjektive sind Wörter, die sagen, wie Menschen, Tiere,
Pflanzen und Dinge sein können:
eine graue Maus, ein kleiner Hund, …

Alle Wörter, die zwischen Artikel und Nomen stehen
können, sind Adjektive.

ein	*grüner*	*Pulli*
Artikel	Adjektiv	Nomen

Die meisten Adjektive lassen sich **steigern**:

Grundstufe	Vergleichsstufe/ Mehrstufe	Höchststufe/ Meiststufe
groß	*größer*	*am größten*

Mit Adjektiven kann man Dinge **vergleichen.**
Wenn man mit Adjektiven vergleicht,
dann verwendet man die Vergleichswörter *wie* oder *als*.

Wenn Adjektive **gesteigert** werden, heißt es **als:**
größer <u>als</u>   kleiner <u>als</u>

Wenn sie **nicht gesteigert** werden, heißt es **wie:**
so klein <u>wie</u>, so groß <u>wie</u>, genauso groß <u>wie</u>

Von vielen Adjektiven lässt sich das **Gegenteil** bilden:
groß – klein, dick – dünn, hell – dunkel, ...

Viele Adjektive sind von Nomen hergeleitet.
Sie haben dann oft die Wortbausteine
-lich oder **-ig** als Endung.
Glück – glücklich, Ruhe – ruhig

Konjunktionen (Bindewörter)

Konjunktionen (Bindewörter) können Wörter,
Satzteile und Sätze miteinander verbinden:
als, dass, denn, und, weil

spielen <u>und</u> lernen
den Hund ausführen <u>oder</u> die Katze füttern
Ich konnte nicht kommen, <u>weil</u> ich verreist war.

Satzarten

- **Aussagesätze:**
Wenn man in einem Satz etwas aussagen will,
beendet man ihn mit einem Punkt:
Ich kaufe mir einen Radiergummi.

- **Fragesätze:**
Wenn man in einem Satz eine Frage stellen will,
beendet man ihn mit einem Fragezeichen.
Warum kommst du erst jetzt?
In Fragesätzen ohne Fragewort (*wer, wo, wann, …*)
steht das Verb am Satzanfang:
Kaufst du dir einen Radiergummi?

- **Aufforderungssätze:**
Wenn man einer Aufforderung besonderen Nachdruck
verleihen will, setzt man ein Ausrufezeichen:
Schließe sofort das Fenster! Komm schnell nach Hause!

- **Ausrufesätze:**
Nach Ausrufesätzen setzt man ein Ausrufezeichen:
Oh, wie schön! Das ist ja furchtbar!

Satzglieder

Teile des Satzes, die man gemeinsam umstellen kann, heißen **Satzglieder.**
Satzglieder können aus einem Wort oder aus mehreren Wörtern bestehen.

• **Subjekt (Satzgegenstand)**
Das **Subjekt** sagt aus, **wer** etwas tut oder macht oder **wer** es ist, dem etwas geschieht:
Das Kind lacht.
Die Blume blüht.

Das Subjekt steht im Satz meistens am Satzanfang.
Man kann es mit der Frage **Wer?** oder mit der Frage **Was?** ermitteln.
Die Biene summt. – *Wer* summt? – *Die Biene.*
Das Auto fährt. – *Was* fährt? – *Das Auto.*

264

Häufig besteht das Subjekt nur aus einem Pronomen:
er, sie, es, ...

* **Prädikat (Satzaussage)**
Das Prädikat sagt aus, was das Subjekt tut:
Das Kind spielt.
oder was mit dem Subjekt geschieht:
Das Kind fällt hin.

Das Prädikat wird mit der Frage **Was tut jemand?**
ermittelt.
Die Köchin kocht. – Was tut die Köchin? – Sie kocht.

Das Prädikat besteht immer aus einem Verb.
Manchmal ist das Verb zweiteilig:
Das Kind freut sich.
Das Kind hat seine Brille vergessen.

* **Objekt (Ergänzung)**
Außer dem Subjekt und dem Prädikat gibt es in den
meisten Sätzen noch weitere Satzglieder, zum Beispiel
die **Objekte.** Sie werden mit den Fragen **Wem?** oder
Wen oder was? ermittelt.

Ein Großer lauert einem Kleinen auf.
Wem lauert er auf? – Einem Kleinen.
Der Kleine holt sich sein Fahrrad.
Wen oder was holt er sich? – Sein Fahrrad.

265

Die meisten Objekte enthalten ein Nomen:
einem Kleinen, sein Fahrrad.
Manche bestehen nur aus einem Pronomen (Fürwort):
ihm, ihr, sie, …

Zeichensetzung

Damit man Texte besser verstehen kann,
setzt man Satzzeichen.

- **Punkt**
Nach einem einfachen Aussagesatz setzt man
einen Punkt:
Ich gehe zur Schule.
Nach Überschriften, Anschriften und am Ende
eines Briefes wird kein Punkt gesetzt.

- **Fragezeichen**
Wenn man in einem Satz eine Frage stellen will,
setzt man ein Fragezeichen:
Kommst du heute Nachmittag zu mir?

- **Ausrufezeichen**
Hinter eine nachdrückliche Aufforderung oder
einen Ausruf setzt man ein Ausrufezeichen:
Jetzt ist aber Schluss! Geh weg!

- **Komma**

Hinter Aufzählungen von Wörtern und Wortgruppen setzt man ein Komma. Vor **und** steht jedoch kein Komma.
*Äpfel, Birnen, Kirschen **und** Pflaumen wachsen in unserem Garten.*
Nach der Anrede in Briefen steht ebenfalls ein Komma:
*Liebe Silke**,** wie geht es dir?*
Nach Verben wie *finden, mögen, sich freuen, gefallen* steht oft die Konjunktion (Bindewort) **dass.**
Vor dem Wörtchen *dass* steht immer ein Komma:
*Ich freue mich**, dass** ...*

- **Bindestrich**

Mit Bindestrichen können wir Wörter miteinander verbinden, z. B. bei Straßen- und Gebäudenamen:
Albert-Schweitzer-Straße, Astrid-Lindgren-Schule

- **Trennungsstrich**

Nach einer Silbe können Wörter am Zeilenende getrennt werden: *Straßen-bahn*

Satzzeichen bei wörtlicher Rede

Bei der wörtlichen Rede gibt es eine Person, die etwas
sagt, und etwas, was sie sagt.
Wer etwas sagt, steht im **Begleitsatz.**
Was die Person sagt, steht in der **wörtlichen Rede.**
Die wörtliche Rede setzt man in Anführungszeichen.

Zwischen Begleitsatz und wörtlicher Rede steht
ein **Doppelpunkt.**
Sören sagte: „Du hast mein T-Shirt kaputt gemacht."

Der Begleitsatz kann **vor** der wörtlichen Rede stehen:
Sören sagte: „Du hast mein T-Shirt kaputt gemacht."

Der Begleitsatz kann **nach** der wörtlichen Rede stehen:
„Du hast mein T-Shirt kaputt gemacht", sagte Sören.
Zwischen dem Redesatz und dem Begleitsatz steht dann
ein **Komma.**

Der Begleitsatz kann auch in die wörtliche Rede
eingeschoben werden:
„Du hast", sagte Sören, „mein T-Shirt kaputt gemacht."
Der Begleitsatz steht dann **zwischen zwei Kommas.**

268

Wortfamilien

Die Wörter einer Sprache können
miteinander verwandt sein.
Zu **Wortfamilien** gehören Wörter,
die miteinander verwandt sind.

fahren, Fahrt, fuhr, gefahren,
Fahrer, Klassenfahrt, erfahren, Fahrzeug, …
haben den gemeinsamen Stamm **fahr**.

essen, isst, gegessen, essbar, Mittagessen, Esstisch, …
aber: aß, aßen, …

schließen, schließt, schließlich, zuschließen,
verschließen, …
aber: sie schloss, das Schloss, geschlossen, …

Wortfelder

Wörter, die etwas Ähnliches bedeuten, gehören zu einem **Wortfeld.**

Zu den Wortfeldern *sprechen* oder *gehen* gehören z. B. folgende Wörter:

gehen
laufen, rennen, sausen,
hüpfen, springen,
spazieren, ...

sprechen
sagen, reden, erzählen,
rufen, schreien, quasseln,
flüstern, brüllen, ...

Rechtschreiben

Vokale und Konsonanten

In unserer Sprache gibt es **Vokale** (Selbstlaute) und
Konsonanten (Mitlaute).

Vokale sind
- einfache Vokale:
  a, e, i, o, u,
- Umlaute: ä, ö, ü,
- Doppellaute: au, äu, eu, ei, ai.

Konsonanten sind
b, c, d, f, g, h, j, k, l, m, n, p, qu, r, s, (ß), t, v, w, x, y, z.

Silben

Es gibt Wörter mit einer Silbe (*März*),
mit zwei Silben (*Ju-ni*), mit drei Silben (*Sep-tem-ber*)
und mit mehr Silben *(Di-no-sau-ri-er)*.

Die meisten Wörter unserer Sprache sind einsilbig
wie *Maus* oder zweisilbig wie *Kat-ze.*
Jede Silbe enthält einen **Vokal**.
Dazu können ein oder mehrere **Konsonanten** kommen.
Nach einer Silbe kann man Wörter am Zeilenende
trennen.

271

Wörter mit **ck** werden genauso getrennt wie Wörter mit **ch** und **sch**. Dabei wird die Buchstabenverbindung selbst nicht getrennt.
Einfache Wörter:
ba-cken, la-chen, na-schen
Bei zusammengesetzten Wörtern
gilt diese Regel nicht:
Back-obst, lach-haft, Nasch-katze

Die Buchstabenverbindungen **sp, st** im Wortinneren werden getrennt.
Wörter mit **sp** werden zwischen **s** und **p** getrennt:
Wes-pe, Knos-pe

Wörter mit **st** werden zwischen **s** und **t** getrennt:
Nes-ter, Fes-te

Wörter mit **tz** werden zwischen **t** und **z** getrennt:
Kat-ze, flit-zen

Diese Regeln gelten nicht für zusammengesetzte Wörter:
Las-ten,   aber: *Last-auto*
wet-zen,   aber: *Wetz-stein*

Offene Silben – lange Vokale
Geschlossene Silben – kurze Vokale

Wenn man Wörter wie *schlafen* und *schaffen* deutlich ausspricht, kann man merken:
- Bei *schla-fen* bleibt der Mund nach der ersten Silbe **offen. Offene** Silben haben einen **langen** Vokal.
  Die **erste** Silbe endet mit **a,**
  die **zweite** beginnt mit dem **f.**
- Bei *schaf-fen* geht der Mund nach der ersten Silbe **zu.**
  Geschlossene Silben haben einen **kurzen** Vokal.

Wörter mit kurzem Vokal

Bei *schaffen* endet die **erste** Silbe mit **f,**
die **zweite** beginnt mit **f.**
Dieses **f** spricht man zwar nicht zweimal,
aber beim Schreiben muss man es **verdoppeln:**
schaffen, gaffen, ...

Beim Schreiben können die meisten Konsonanten in Wörtern mit kurzem Vokal verdoppelt werden – vorausgesetzt, das Wort ist zweisilbig.
Eine solche Verdopplung kommt vor allem bei den Buchstaben **ff, ll, mm, nn, pp, rr, ss, tt** vor:
Affe, Wolle, summen, kennen, Puppe, starren, küssen, Watte

273

Wörter mit langem Vokal

- Wenn in einem Wort nach dem Vokal nur ein einziger Konsonant steht, dann wird der Vokal meistens lang gesprochen: *Wal, Tal*

- In manchen Wörtern mit einem langen Vokal steht ein **Dehnungs-h**. Dieses **h** steht aber nur vor den Buchstaben **l, m, n** und **r**:
  Zahl, zahm, Zahn, wahr

- Beginnt ein Wort mit **sch** oder **t**, steht jedoch kein Dehungs-**h**:
  schon, Schule, Schwan, Tal, Ton, Träne
  Auch bei Wörtern, die mit **sp, kr, qu** beginnen, steht **kein** Dehnungs-**h**:
  spülen, Kran, Qual

- Das lange **i** wird meistens als **ie** geschrieben:
  Tier, Stier, ...

Wörter mit Doppelvokalen

In einigen wenigen Wörtern wird der Vokal verdoppelt:
Haar, Saal, Saat, Moor, Moos, Meer

Wörter mit Umlauten

Die meisten Wörter, die mit **ä** oder **äu,** mit **ö** oder **ü**
geschrieben werden, stammen von Wörtern mit
a, au, o oder **u.**
Man muss also eine Kurzform des Wortes bilden.
Kommt darin ein **a** oder **au** vor,
so wird das Wort mit **ä** oder **äu** geschrieben.
Kälte – kalt,   Bäume – Baum,
Öfen – Ofen,   Krüge – Krug

Wörter mit b, d, g im Auslaut

Am Ende eines Wortes hören sich **b, d, g** wie **p, t, k** an:
das Lob, das Rad, der Zwerg

Wenn man die Wörter verlängert, kann man
b, d, g deutlich hören:
Lob - loben, Rad - Räder, Zwerg - Zwerge

Kleine Wörter, die man nicht verlängern kann,
muss man sich gut einprägen:
ab, ob, sind, genug

Wörter mit h zwischen den Silben

Wenn in einem Wort die 1. Silbe mit einem Vokal
aufhört und die 2. Silbe mit einem Vokal anfängt,
setzt man oft ein **h** dazwischen:
ste-hen, Schu-he, ...
Dieses **h** bleibt in anderen Formen der Wörter erhalten:
steht, Schuh, ...

Wörter mit k oder ck

Steht vor dem **k**-Laut ein **Konsonant,** wird das Wort
nur mit **k** geschrieben:
Wolke, Funke, Gurke

Steht vor dem **k**-Laut ein **Kurzvokal,** folgt ein **ck:**
packen, lecken, zwicken, locken, gucken

Steht vor dem **k**-Laut ein **langer Vokal,**
wird das Wort mit **k** geschrieben:
Ekel, Laken, blöken, ...

Wörter mit z oder tz

Steht vor dem **z**-Laut ein **Konsonant,**
wird das Wort mit **z** geschrieben:
Salz, Schmalz, Kranz, Wurzel
Nach **au, ei, äu, eu** schreibt man ebenfalls nur ein **z:**
Kauz, geizig, Heizung, Kreuz

Steht vor dem **z**-Laut ein **Kurzvokal,** folgt ein **tz:**
flitzen, petzen, putzen, schmatzen

Wörter mit s-Lauten

- Der **stimmhafte s-Laut** zwischen zwei Vokalen wird immer **s** geschrieben: *rasen, lesen*
reisen (von: Reise)
- Der **stimmlose s-Laut** zwischen langem Vokal und kurzem Vokal wird immer **ß** geschrieben:
fließen, grüßen   fließt, grüßt
- Der **stimmlose s-Laut** zwischen zwei kurzen Vokalen wird immer **ss** geschrieben:
müssen, lassen   müsst, lässt
- In einer **Wortfamilie** können manchmal Wörter mit kurzem oder langem Vokal vorkommen:
essen, isst, gegessen – aber ***aß,***
Bissen – aber ***beißen***
Fluss – aber ***fließen***
Schuss – aber ***schießen***
Riss – aber ***reißen***

Groß- und Kleinschreibung

- Damit man Texte besser lesen kann, wird das erste
  Wort eines Satzes großgeschrieben:
  Heute ist Montag.

- Damit man die wichtigsten Wörter in einem Satz
  erkennen kann, werden sie großgeschrieben.
  Die wichtigsten Wörter sind **Nomen.**
  Nomen sind Wörter für Menschen,
  Tiere, Pflanzen, Dinge, Gefühle, Gedanken:
  *das **Kind**, das **Pferd**, die **Tulpe**, der **Turm**, die **Liebe**.*

- Wichtige Wörter sind **Namen** für bestimmte
  Menschen und Tiere.
  *Meine beste Freundin ist **Miriam**.*
  *Unser Hund heißt **Purzel**.*
  Sie werden großgeschrieben.

- Alle anderen Wörter werden kleingeschrieben.

- Aber fast alle Wörter können zu Nomen werden.
  Dann kann man sie mit einem Artikel versehen und
  schreibt sie groß:
  *das **Blau** des Himmels, das **Schreiben** eines Textes*

English Vocabulary

Menschen

ich	I
du	you
er	he
sie (Einzahl)	she
es	it
wir	we
ihr	you
sie (Mehrzahl)	they
Mann, Männer	man, men
Frau, Frauen	woman, women
Junge	boy
Mädchen	girl
Vater	father
Vati, Papa	dad
Mutter	mother
Mutti, Mama	mum
Eltern	parents
Schwester	sister
Bruder	brother
Opa	grandfather, granddad
Oma	grandmother, grandma
Großeltern	grandparents
Familie	family
jung	young
alt	old
Name	name
Freund, Freundin	friend

Kind child

Kinder children

Körperteile

Körper	body
Körperteil	body part
Gesicht	face
Haare	hair
Auge	eye
Ohr	ear
Nase	nose
Mund	mouth
Zahn, Zähne	tooth, teeth
Kopf	head
Arm	arm
Hals	neck
Ellenbogen	elbow
Brust	breast
Rücken	back
Bauch	belly
Popo, Gesäß	bottom
Hand	hand
Finger	finger
Daumen	thumb
Knie	knee
Bein	leg
Zehe	toe
Fuß, Füße	foot, feet

English Vocabulary

Kleidung

anziehen	put on
ausziehen	take off
(Hosen-)Tasche	pocket
(Trage-)Tasche	bag
tragen	wear
verkleiden	dress up as
Kostüm/Verkleidung	costume

Kleid
dress

Mantel
coat

Bluse
blouse

Hemd
shirt

Rock
skirt

Hut
hat

Hose
trousers

Schuhe
shoes

Jacke
jacket

Pullover
pullover, sweater, jumper

Mütze
cap

Einkaufen

bezahlen	pay
einkaufen gehen	go shopping
Geld	money
kaufen	buy
Laden	shop
zählen	count

Leben und Wohnen

arbeiten	work
Fenster	window
Garten	garden
gehen	walk
Haus	house
Hobby	hobby
laufen	run
müde	tired
schlafen	sleep
sehen	see
sitzen	sit
waschen	wash
wohnen	live
Zimmer	room

Auto — car

Spielen

fangen	catch
finden	find
Fußball spielen	play football
Inliner	Inliners
lustig	funny
Puppe	doll
Spaß	fun
spielen	play
Spielzeug	toy(s)
suchen nach	look for

sich verstecken — hide
Versteckspiel — play hide-and-seek

283

English Vocabulary

Schule

Lehrer/Lehrerin	teacher
Schüler/Schülerin	pupil
Kind	child
Klassenraum	classroom
Schule	school
anschauen	look at
Bleistift	pencil
Buch	book
Heft	exercise book
denken	think
fragen	ask
lesen	read
lernen	learn
malen, zeichnen	draw
schreiben	write
Kreide	chalk
Papier	paper
Radiergummi	eraser, rubber
Schere	a pair of scissors
Tafel	blackboard
zuhören	listen (to)

Essen und Trinken

backen	bake
essen	eat
Frühstück	breakfast
Mittagessen	lunch
Abendessen	supper, dinner
heiß	hot
kochen	cook
scharf	hot
süß	sweet
Süßigkeiten	sweets
trinken	drink

Obst und Gemüse

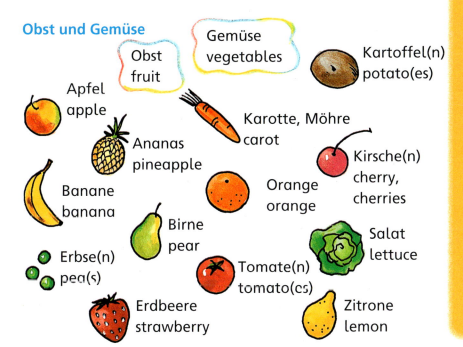

Obst — fruit
Gemüse — vegetables
Kartoffel(n) — potato(es)
Apfel — apple
Karotte, Möhre — carot
Ananas — pineapple
Kirsche(n) — cherry, cherries
Banane — banana
Orange — orange
Birne — pear
Salat — lettuce
Erbse(n) — pea(s)
Tomate(n) — tomato(es)
Erdbeere — strawberry
Zitrone — lemon

English Vocabulary

Die Jahreszeiten

Jahr — year
Jahreszeit — season

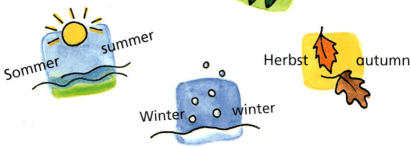

Frühling — spring
Sommer — summer
Herbst — autumn
Winter — winter

Feiern

einladen	invite
Feier	party
feiern	have a party
Geschenk	present
Geburtstag	birthday
Alles Gute zum Geburtstag!	Happy Birthday!
glücklich	happy
lachen	laugh
neues Jahr	new year
Frohes neues Jahr!	Happy New Year!
schenken	give
singen	sing
tanzen	dance
Weihnachten	Christmas
Frohe Weihnachten!	Merry Christmas!
wünschen	wish

Die Monate

Monat	month
Januar	January
Februar	February
März	March
April	April
Mai	May
Juni	June
Juli	July
August	August
September	September
Oktober	October
November	November
Dezember	December

Die Wochentage

Woche	week
Tag	day
Montag	Monday
Dienstag	Tuesday
Mittwoch	Wednesday
Donnerstag	Thursday
Freitag	Friday
Samstag/ Sonnabend	Saturday
Sonntag	Sunday

Wetter

Donner	thunder
Gewitter	thunderstorm
heiß	hot
kalt	cold
nass	wet
regnen	rain
Schneeball	snow ball
schneien	snow
Sonnenschein	sunshine
Thermometer	thermometer
warm	warm
Wetter	weather
Wind	wind

Mond — moon
Sonne — sun
Schnee — snow
Blitz — lightning
Regen — rain
Regenschirm — umbrella
Regenbogen — rainbow

English Vocabulary

Farben

Farbe   colour

blau   blue
gelb   yellow
grün   green
rosa   pink
rot   red
violett, lila   purple

braun   brown
orange   orange
schwarz   black
weiß   white
grau   grey

Zahlen

0 null	zero
1 eins	one
2 zwei	two
3 drei	three
4 vier	four
5 fünf	five
6 sechs	six
7 sieben	seven
8 acht	eight
9 neun	nine
10 zehn	ten
11 elf	eleven
12 zwölf	twelve

13 dreizehn	thirteen
14 vierzehn	fourteen
15 fünfzehn	fifteen
16 sechzehn	sixteen
17 siebzehn	seventeen
18 achtzehn	eighteen
19 neunzehn	nineteen
20 zwanzig	twenty
21 einundzwanzig	twenty-one
22 zweiundzwanzig	twenty-two
30 dreißig	thirty
33 dreiunddreißig	thirty-three
40 vierzig	forty
44 vierundvierzig	forty-four
50 fünfzig	fifty
60 sechzig	sixty
70 siebzig	seventy
80 achtzig	eighty
90 neunzig	ninety
100 einhundert	one hundred

Tiere

English Vocabulary

Sätze und Redewendungen

Sich begrüßen und vorstellen

Guten Morgen!	Good morning.
Guten Tag! Hallo!	Hello. Hi.
Wie heißt du?	What's your name?
Ich heiße Tina.	My name is Tina.
	oder: I'm Tina.
Ich bin Herr Parker.	My name is Mr Parker.
Ich bin Frau Parker.	My name is Mrs Parker.
Wie alt bist du?	How old are you?
Ich bin neun Jahre alt.	I'm nine years old.

Sich verabschieden

Auf Wiedersehen!	Goodbye.
Tschüs!	Bye.
Bis bald!	See you soon.

Höflich um etwas bitten

bitte	please
Kann ich bitte	Can I have your book,
dein Buch haben?	please?
Bitte (sehr).	Here you are.
Haben Sie süße Muffins?	Have you got sweet muffins?
Ich möchte gern vier	I would like four muffins.
Muffins.	*oder:* I'd like four muffins.
Entschuldigen Sie bitte,	Excuse me, please,
wo ist Piccadilly Circus?	where is Piccadilly Circus?

290

Sich bedanken

Vielen Dank.	Thank you very much.
Danke.	Thank you.
	oder: Thanks.

Sich entschuldigen

Das tut mir leid.	
Entschuldigung.	I'm sorry. *oder:* sorry.
Tom, du musst dich bei Tina entschuldigen.	Tom, you must apologize to Tina.
Hast du eine Entschuldigung?	Have you got an excuse?

Vorlieben und Abneigungen

Ich mag Tennis.	I like tennis.
Tischtennis mag ich nicht.	I don't like table tennis.
Tom liebt seine Katze.	Tom loves his cat.
Mary liebt ihre Katze.	Mary loves her cat.
Ich mag Süßigkeiten.	I like sweets.
Ich kann grüne Röcke nicht leiden.	I hate green skirts.

Aufforderungen

Lass uns Fußball spielen!	Let's play football.
Komm/kommt hierher!	Come here.
Schau/schaut das Bild an!	Look at the picture.

291

English Vocabulary

Fragen, Fragen, Fragen

Wo ist dein Englischbuch?	Where is your English book?
Wer ist das?	Who is that?
Was ist in der Tasche?	What's in the bag?
Wann ist deine Geburtstagsfeier?	When is your birthday party?
Wie geht es dir?	How are you?
Wie heißt das auf Englisch?	What's that in English?
Welche Farbe hat dein neues T-Shirt?	What colour is your new T-shirt?

Briefe schreiben

Schreibe/schreibt einen Brief an einen Freund/ eine Freundin.	Write a letter to a friend.
Lieber Tom, ...	Dear Tom, ...
Sehr geehrter Herr Parker, ...	Dear Mr Parker, ...
Wie geht es Dir?	
Wie geht es Ihnen?	How are you?
Mir geht es gut.	I'm fine.
Schreib bald!	Write back soon.
Mach's gut!	Take care.
Deine Lisa	Love, Lisa